Ma démarche en lecture

Avant de lire

- Demande-toi pourquoi tu lis.
- Survole ton texte, sers-toi des indices pour prévoir son contenu.
- Sers-toi de ce que tu sais déjà.

Pendant que tu lis

- Rappelle-toi des stratégies pour lire et comprendre les mots.
- Lis par groupes de mots pour bien comprendre les phrases.
- Fais des liens entre les mots d'une phrase, entre les phrases et dans le texte.
- Arrête-toi de temps en temps et pose-toi des questions pour t'assurer que tu comprends.
- Si tu lis une histoire, réagis aux personnages. Essaie de prédire la suite.
- Si tu lis un texte d'information, cherche les idées principales, sélectionne les informations dont tu as besoin.

Après avoir lu

- Rappelle-toi l'histoire que tu as lue. Discute avec d'autres de ta lecture.
- Si tu as lu un texte d'information, vérifie que tu as trouvé ce que tu cherchais. Cherche ce que tu as appris de nouveau.
- Si tu fais une recherche, organise l'information et diffuse-la.
- S'il y a lieu, réponds aux consignes et aux questions.

Ma démarche en écriture

Réfléchis et prépare l'écriture de ton texte

- Demande-toi pourquoi tu écris et qui sont tes destinataires.
- Explore ton sujet, pose-toi des questions, cherche des idées.
- Fais un plan de ton texte.

Mets tes idées en mots, écris le brouillon de ton texte

- Organise tes idées en paragraphes, reviens à ton plan, modifie-le au besoin.
- Organise tes phrases, assure-toi qu'elles sont bien délimitées et ponctuées.
- Choisis des mots qui expriment bien ta pensée.
- Fais des liens dans ton texte, entre les phrases et dans les phrases, pour le rendre agréable à lire et facile à comprendre.

Révise, corrige et diffuse ton texte

- Relis ton texte pour vérifier l'ordre et l'organisation des idées.
- Révise à nouveau l'organisation de tes phrases et la ponctuation.
- Vérifie l'orthographe des mots.
- Vérifie les accords.
- Écris une dernière version de ton texte.
- Fais une mise en pages appropriée.

CYCLADES

FRANCE LORD
DANIEL LYTWYNUK

JOËLLE MORRISSETTE
ISABELLE PÉLADEAU

FRANÇAIS
SCIENCE ET TECHNOLOGIE
UNIVERS SOCIAL
ART DRAMATIQUE
ARTS PLASTIQUES

ÉCOLE JACQUES-LEBER
30 rue de l'Église,
Saint-Constant QC J5A 1Y5

MODULO

B

Nous reconnaissons l'aide financière du gouvernement du Canada par l'entremise du Programme d'Aide au Développement de l'Industrie de l'Édition (PADIÉ) pour nos activités d'édition.

Gouvernement du Québec – Programme de crédit d'impôt pour l'édition de livres – Gestion SODEC.

Chargé de projet : André Payette

Direction artistique, conception graphique : Marguerite Gouin

Montage : Marguerite Gouin

Typographie : Carole Deslandes

Maquette/couverture : Marguerite Gouin

Recherche (photos) : Julie Saindon

Révision : Nathalie Liao (révision scientifique), André Payette, Marie Théorêt (révision linguistique)

Correction d'épreuves : Dolène Schmidt, Monique Tanguay, Marie Théorêt

Textes : Fabiola Bouchard : p. 52-53; Yolande Demers : p. 164-169; Nicole Gagnon : p. 4-6, 10-13, 20-21, 34-36; France Lord : p. 153-154; Daniel Lytwynuk : p. 73-74; Michèle Morin : p. 54-57, 62-64, 109-110, 118-123, 126-130, 145-148; André Payette : p. 2-3, 14-15, 19 (capsule), 139 (capsule), 172-175; Dolène Schmidt : p. 37-40, 69-72, 113-116, 149-152, 180-184; Claire St-Onge : p. 136-139; Marie Théorêt : p. 7-9 (adapt.), 16-18, 23-25 (adapt.), 26-29, 58-61 (adapt.), 66-68 (adapt.), 76-81, 103-107, 111-112, 124, 133-135 (adapt.), 142-144 (adapt.); Martin Traversy : p. 42-46, 47-49, 82-86.

Illustrations : Jean-Pierre Beaulieu : p. 4, 21, 26-29, 159-162, 172-175; Anne-Marie Charest : p. 88-89; Monique Chaussé : p. 16-17; Marc Delafontaine et Maryse Dubuc : p. 1, 41, 75, 92-97, 117, 155, couverture, pages de garde, pages pédagogiques; Leanne Franson : p. 99-102; Anne-Marie Forest : p. 10-13; Marie Lafrance : p. 30-33, 66-68, 131-132, 157-158, 163, 177-178; Jacques Lamontagne : p. 7-9, 23-25, 133-135; Jean Morin : p. 76-81; Ninon : p. 22, 50-51, 87, 90-91, 98, 108, 125, 141, 170-171, 176, 179; Jean-Luc Trudel : p. 58-61; Danielà Zekina : p. 2-3, 15, 34-36, 118, 142-144, 182-183.

Photos : Archives de la Compagnie Seagram ltée : p. 124 (en bas, à droite); Archives photographiques Notman, Musée McCord d'histoire canadienne, Montréal : p. 128 (MP-0000.232.3, 1925, en bas); Bibliothèque municipale de Dijon, France : p. 15 (en bas : Ms.170-f° 59, cliché F. Perrodin); Bibliothèque nationale du Québec : p. 126, 127 (en bas), 128 (en haut), 129 (en bas), 130 (en haut); Collection Centre canadien d'architecture/Canadian Centre for architecture, Montréal : p. 122 (Crystal Palace), 124 (Fonds Phyllis Lambert, en bas, à gauche); Hans T. Dahlskog/Pressens Bild/ZUMA Press : p. 109; Dominique et compagnie : p. 84; Éditions Québec Amérique : p. 82, 107; Ludovic Fremaux, 1999 : p. 106; J. D./MODIS NASA/GSFC : p. 44; Glenbow Museum : p. 63 (NA.2223-4, en haut), (NA-114-17, au milieu); La Presse : p. 49 (C. Côté, en haut), (D. Courville, en bas), 52 et 53 (A. Désilets et P. McCann); Robert Laliberté/La courte échelle : p. 105; Josée Lambert : p. 86, 104; Francis Lépine/biospherephoto-graphie.ca : p. 46 (en bas); Camille McMillan : p. 83; Magmaphoto.com : p. 42 (James A. Sugar/CORBIS/MAGMA), 47, 48 et 55 (Pierre-Paul Poulin/MAGMA), 81 (CORBIS SYGMA), 57 (Galen Rowell/CORBIS/MAGMA); François Neault : p. 5 (château de Castelnaud), 6 (en haut); NOAA/NGDC : p. 43, 46 (en haut, International Tsunami Information Centre); OAR/ERL/NSSL : p. 45 (en haut) et 73 (en haut), BOEING/NASA, 73 (en bas); Marcel Pagnol, 1976 : p. 110; Productions GGC : p. 103; Réunion des Musées Nationaux/Art Resource, NY : p. 18 (Livre d'Heures Torriani, photo R.G. Ojeda), Julie Saindon : p. 130 (au milieu, en bas); Space Imaging : p. 45 (en bas); USGS/R. P. Hoblitt : p. 74 (en bas, à droite).

Cyclades
(Manuel B)

DANGER
LE PHOTOCOPILLAGE
TUE LE LIVRE

Table des matières

Pages pédagogiques: La ponctuation du dialogue, 113; Formation du féminin: doubler la consonne finale, 114; Lire un tableau de conjugaison, 114; Verbes modèles: **aimer** et **finir**, 115; Le passé composé, 116

Thème 9   Bâtir

Pages pédagogiques: Pour marquer le temps, 149; Le verbe **aller**, Le verbe **faire**, 150; L'impératif présent, 151; La formation du féminin des noms et des adjectifs: cas particuliers, 152; Repérer des informations historiques, 153; Les diagrammes, 154

Thème 10   *La commedia dell'arte*

Pages pédagogiques: Le théâtre à travers les siècles, 180; Composer un poème, 182; Sens propre et sens figuré, 183; Le pluriel en **x** des noms et des adjectifs, 184

Voyage dans le temps

Voici quelques repères pour mieux te situer dans une époque fascinante : le Moyen Âge.

Lieu

L'Europe de l'Ouest. Les châteaux dont nous parlerons se situent sur les territoires actuels de l'Angleterre, de la France, de l'Allemagne et de l'Italie.

Époque

Le Moyen Âge est une période de 1000 ans environ (de 500 à 1500 ans après Jésus-Christ). La période des châteaux dont nous parlons s'étend en gros de 1100 à 1500.

Faune et flore

Au début du Moyen Âge, le territoire est couvert d'immenses forêts. De 600 à 1200, on défriche beaucoup pour avoir de nouvelles terres à cultiver.

Dans les forêts du début du Moyen Âge, il y a des bêtes redoutables : des vipères, des ours et des loups. Les loups ont profondément marqué les gens du Moyen Âge. Peu à peu, on extermine les vipères et les loups. Les sangliers se multiplient, et surtout les rats, car il n'y a pas encore de chats en Occident à cette époque.

Population

Il y a trois grandes classes sociales : les seigneurs et leurs chevaliers, les religieux (qu'on appelle les clercs) ainsi que les paysans, artisans et ouvriers.

L'espérance de vie est de 40 ans (comparativement à 75 ans aujourd'hui). Le taux de mortalité infantile est extrêmement élevé. Le Moyen Âge connaît de terribles épidémies : peste, choléra, variole, grippe, lèpre.

Voies de communication

Les routes sont peu nombreuses. Les voyages sont longs, puisqu'on se déplace surtout à pied ou à dos d'âne. Les voyages sont aussi très dangereux, car les forêts sont remplies de brigands et de vagabonds.

Mentalités

Les gens du Moyen Âge sont très religieux et aussi très superstitieux. On voit le diable partout. On pratique la magie et la sorcellerie. Le merveilleux fait partie de la vie quotidienne.

- À première vue, qu'est-ce qui t'étonne le plus de cette époque ? Sur quel aspect aimerais-tu en apprendre davantage ?

L'apparition des châteaux

Le début du Moyen Âge marque aussi le début de la construction des châteaux. On en aurait construit plus de 4000 entre 800 et 1450.

Lis ce texte qui t'explique l'évolution des châteaux du Moyen Âge de l'an 800 à l'an 1450.

ROI

SEIGNEURS

CHEVALIERS

VASSAUX

Vers 800, la mort de l'empereur Charlemagne provoque en France une longue période d'instabilité. L'invasion des terribles «Normands», ces hommes du Nord qui massacrent les gens et dévastent tout sur leur passage, amène une longue période de ruine et de désolation. Les gens vivent constamment dans la peur. Dans chaque région, ils se tournent vers l'homme qui leur semble le plus puissant et le plus capable d'assurer leur protection : le seigneur. En échange de cette protection, ils deviennent les vassaux du seigneur. Ils s'engagent à se battre à ses côtés et à lui payer un tribut. Ces liens de dépendance entre les vassaux et leur seigneur créent une hiérarchie qu'on appellera le *système féodal*.

Pour assurer la protection de leurs vassaux, les seigneurs font bâtir des châteaux forts où la communauté pourra se réfugier en cas de danger. Les premiers châteaux sont construits en bois. On les érige sur une butte de terre qui est entourée d'un profond fossé. Ils offrent une faible protection, puisque l'ennemi peut facilement les ravager en lançant des torches enflammées.

Le château de Bodiam, en Angleterre, construit au 15e siècle.

Le château de Castelnaud, en France, construit en 1214, devenu le Musée de la guerre au Moyen Âge en 1985.

Avec le temps, les seigneurs s'enrichissent des taxes payées par leurs vassaux. Pour mieux résister aux attaques des autres seigneurs et des envahisseurs étrangers, ils se mettent à construire des châteaux de pierre, mieux fortifiés. Ces châteaux ont des murailles épaisses, des tours massives, des fossés larges et profonds et de hauts donjons. Souvent entourés de deux ou trois enceintes successives, ce sont de véritables villages fortifiés.

Les murs d'enceinte du château de Castelnaud.

La ville fortifiée de Carcassonne, dans le sud-ouest de la France.

Au cours du Moyen Âge, les techniques d'agriculture se développent. On défriche de nouvelles terres. Les paysans deviennent moins dépendants des seigneurs. Les villes se développent aussi, avec leurs commerçants et leurs artisans. Les échanges commerciaux se multiplient. Tout cela modifie les relations de dépendance.

La fin du Moyen Âge est suivie d'une longue période de calme. Les nobles, qui n'ont plus à penser à la guerre, consacrent plus de temps aux divertissements. Ils se construisent d'immenses demeures à l'architecture complexe. C'est l'époque des châteaux de la Renaissance.

- Pourquoi a-t-on décidé de construire des châteaux ?

- Quelles ont été les principales transformations de ces constructions ? Comment peux-tu les expliquer ?

Le château de Chambord, en France.

français

Le vieux français

Voici des vers originaux du poète Rutebeuf.
Peux-tu les traduire en français moderne ?

Que sont mi ami devenu
Que j'avoie si près tenu
Et tant amé ?
Je cuit qu'il sont trop cler semé :
Il ne furent pas bien semé
Si sont failli.

Itel ami m'ont mal bailli ;
C'onques tant com Dieu m'assailli
En maint costé,
N'en vis un seul en mon hoste :
Je cuit li vent les m'a osté.
L'amor est morte.

Le défi de Méléagant

Chapitre 1

C'était le jour de l'Ascension. Le roi Arthur tenait sa cour comme à l'habitude, mais une terrible tristesse régnait dans tous les cœurs. C'est que le valeureux chevalier Lancelot n'avait pas donné signe de vie depuis très longtemps. Les derniers espoirs venaient de fondre avec le retour de Lionel. Il avait parcouru en vain tout le royaume sans avoir trouvé trace de son cousin. Le silence, qui pesait lourd, n'était entrecoupé que par de longs et profonds soupirs.

Brusquement, dans un grand fracas, un inconnu fit irruption dans la salle avec tout son attirail de chevalier. On entendit quelques petits cris aigus témoignant de la surprise des dames. Qu'allait-il encore se passer ? Cet homme apportait-il une mauvaise nouvelle ? Pourquoi se présenter à la cour en pareille tenue et en arborant un visage aussi hautain ? On ne tarderait pas à l'apprendre.

«Roi Arthur, tu as devant toi Méléagant, le fils du roi Baudemagu. Le roi, mon père, garde en son royaume de nombreux captifs du pays de Logres, que tes chevaliers n'ont même jamais tenté de délivrer. N'est-ce pas là une honte qui pèse sur toi et les tiens? Quel manque de vaillance! Souffre donc un tel déshonneur ou relève ce défi: que l'un de tes chevaliers, le meilleur, se rende dans le bois avec la reine Guenièvre. Là-bas, je combattrai contre lui. Si je gagne, j'emmène la reine avec moi. Si je perds, je te rends sans condition tous les captifs de mon père. »

Sans même daigner entendre la réplique outrée du roi Arthur, l'arrogant chevalier tourna aussitôt les talons dans un fracas grossier dont il semblait tirer fierté. Une clameur de désapprobation s'éleva dans la salle. Puis une voix perça la rumeur: «Sire, dit Keu, le sénéchal, permettez-moi d'affronter ce mécréant. N'ayez crainte, je ramènerai la reine Guenièvre saine et sauve. Ainsi, vos gens seront libérés. Consentez, sire. Il y va de votre honneur. »

Le roi Arthur n'était guère rassuré. Son sénéchal était certes très vaillant, mais l'enjeu de ce combat n'était pas ordinaire! Pensez: la reine Guenièvre, le plus précieux joyau de la cour... Mais la reine elle-même était d'avis qu'il fallait relever le défi. Elle partit donc escortée de Keu. Et alors que son attitude était empreinte de dignité, toutes ses pensées se tournaient vers Lancelot.

Dans le bois, Méléagant s'assura d'abord que la dame voilée qui accompagnait Keu était bien Guenièvre, puis il se prépara au combat. Méléagant et Keu durent se rendre dans une lande voisine pour trouver un terrain assez grand. Ils s'élancèrent alors à toute vitesse sur leurs destriers. Au premier choc, Keu tomba lourdement de son cheval en se blessant gravement. Ainsi, comme l'avait redouté Guenièvre, Méléagant avait facilement remporté le combat. Mais la prisonnière, malgré la cruauté du sort, soutint un regard fier et ne montra aucun signe de peur.

Cependant, quelqu'un avait observé la scène à l'insu de tous. C'était un chevalier masqué. S'emparant du cheval de Keu, abandonné sur les lieux du combat, l'inconnu se lança à la poursuite de Méléagant et de ses hommes. Il les attaqua farouchement et réussit à en désarçonner plusieurs mais, avec une grande déloyauté, Méléagant frappa mortellement son cheval.

Méléagant s'enfuit à toute vitesse en emmenant Guenièvre et le sénéchal Keu. Le chevalier inconnu fit de grands efforts pour les suivre, mais il s'essoufffla bien vite. Malgré tout, à bout de forces, il continua sa route en direction des fuyards dans l'espoir de retrouver la reine Guenièvre.

(À suivre)

Les anciens métiers

En lisant ce texte, compare les métiers du Moyen Âge avec les métiers d'aujourd'hui.

La main-d'œuvre agricole

Au Moyen Âge, les seigneurs possédaient de vastes terres. Pour les exploiter, ils avaient besoin d'une main-d'œuvre abondante : les paysans. À cette époque, neuf personnes sur dix sont des paysans. Certains sont complètement assujettis à leur seigneur. On les appelle les serfs. D'autres sont des hommes libres, qui possèdent leur propre terre. Cependant, ces hommes libres doivent donner au seigneur une bonne partie de leurs récoltes en échange de la protection qu'il leur accorde. Ils sont donc presque aussi pauvres que les serfs.

Qu'ils soient serfs ou hommes libres, les paysans font un travail très pénible. Au printemps, ils doivent défricher la terre, la labourer et semer. Ils doivent également s'occuper des animaux.

Quand vient le temps des récoltes, le paysan coupe les épis très courts, car la longue paille servira à faire les paillasses, les paniers, les toitures et les chapeaux. On recouvre aussi de paille le sol des demeures pour couper l'humidité. Les épis sont ensuite transportés à l'aire communale. C'est un vaste espace aplani, couvert de pierres puis de terre séchée, où l'on bat les épis pour en extraire le grain.

La main-d'œuvre ouvrière

La construction d'un château fort nécessitait une main-d'œuvre abondante. Pour en construire un, le seigneur faisait d'abord appel aux paysans de son domaine, car ceux-ci devaient lui accorder un certain nombre de jours de travail. C'était la corvée. Ces ouvriers non spécialisés exécutaient différentes tâches simples : charger les chariots, monter les matériaux en haut des échafaudages, pousser les brouettes, etc.

Mais, comme la construction d'un château était un travail extrêmement compliqué, le seigneur devait engager de la main-d'œuvre spécialisée. Il demandait à un architecte de lui présenter des plans et des maquettes, et de superviser ensuite le travail des divers corps de métiers. Pour les constructions en pierre, il fallait faire appel à plusieurs spécialistes :

- les carriers, qui choisissaient les pierres dans des carrières parfois très éloignées et qui voyaient à leur transport;
- les tailleurs, qui donnaient à la pierre la grosseur et la forme voulues;
- les maçons, qui assemblaient les pierres en respectant les plans de l'architecte.

Enfin, il fallait toujours une grande quantité de bois pour faire les échafaudages, les charpentes et les monte-charges. On engageait des charpentiers pour faire tous ces travaux.

Les artisans

Dans chaque domaine, il y a plusieurs artisans. Le forgeron, par exemple, est un homme important. Il sait ferrer les chevaux et les bœufs ou encore fabriquer une charrue à roues.

Le meunier s'occupe de moudre le grain que les paysans apportent. Les boulangers cuisent le pain pour les besoins du château. Sur les terres, les paysannes se chargent elles-mêmes de cette tâche.

L'artisan verrier fabrique des carafes qui figureront sans doute sur la table de quelque noble seigneur. Il place au bout d'un long tuyau une pâte faite d'un mélange de sable et de potassium. Il fait chauffer cette pâte à très haute température, puis il souffle dans le tuyau pour donner une forme à la pâte de verre. Pendant qu'elle refroidit, l'artisan peut la modeler.

La fabrication des vêtements nécessite aussi le travail de plusieurs personnes. Des femmes filent d'abord la laine. La laine filée est apportée à un tisserand qui la transforme en tissu sur un métier à tisser. Le tissu ainsi obtenu est trempé, puis foulé, étiré et séché. Un teinturier utilisera ensuite des teintures naturelles extraites de diverses plantes pour lui donner les coloris les plus variés.

Au Moyen Âge, on exploitait aussi des mines. Il fallait extraire beaucoup de minerai de fer pour pouvoir fabriquer les armures, les armes et les outils de métal. Le métier de mineur était très dur et très dangereux. Il fallait évacuer de grandes quantités de terre pour creuser des galeries souterraines. Il fallait aussi pomper l'eau et acheminer l'air dans la mine avec de faibles moyens techniques. Pour s'éclairer, le mineur allumait une branchette enduite de résine qu'il tenait entre les dents.

L'orfèvre utilisait les pierres précieuses pour fabriquer des bijoux que portaient les gens riches. Il faisait des broches, des boucles d'oreilles, des colliers et des bagues en or serties de grenats, de saphirs et d'émeraudes. Il décorait également les statues des églises.

Dans les villes, on trouvait plusieurs autres artisans : des cordonniers, des fabricants de savon, des pelletiers, des tonneliers, des merciers, des tanneurs de cuir et plusieurs commerçants.

○ Dresse la liste des métiers du Moyen Âge qui existent encore aujourd'hui. Peux-tu expliquer pourquoi certains sont disparus ?

○ Lequel de ces métiers du Moyen Âge aimerais-tu exercer ? Pourquoi ?

français

Des noms millénaires

Au Moyen Âge, on ne connaît pas les noms de famille. Au moment du baptême, on choisit un seul nom pour l'enfant. Ce pourra être Jean ou Guillaume, Philippe ou Hugues, Adalbert ou Geoffroy si c'est un garçon. Une petite fille recevra le nom de Marie ou de Jeanne, de Pierrette ou d'Isabelle, de Marguerite ou de Perrine. Pour désigner une personne, on pourra préciser soit son lieu d'origine, comme Jean du hamel ou Guillaume du bois, soit son métier. Plusieurs noms d'aujourd'hui nous le rappellent : les Taillefer, les Pelletier, les Tisserand, les Charron, les Marchand, les Boulanger, etc. Pour distinguer les gens, on se servira aussi de leurs caractéristiques physiques : Hugues le noir et Hugues le blond, Jean le grand et Jean le petit, Guillaume le fort. À quelle catégorie ton nom appartient-il ?

Les monastères médiévaux

Lis ce court texte qui décrit la vie dans les monastères du Moyen Âge.

Avec les châteaux et les cathédrales, les monastères témoignent de l'art de bâtir en pierre du Moyen Âge. Construits le plus souvent dans des endroits très isolés, ils abritaient des moines qui passaient leurs journées à prier en chantant des cantiques et à travailler dans le plus grand recueillement.

Une vie de prière

Les moines se levaient vers deux ou trois heures du matin pour une première séance de prières, les matines. Elle était suivie de l'office de laudes vers 7 heures, de l'office de tierce vers 10 heures, de l'office de sixte vers midi, de l'office de none vers 14 heures, des vêpres vers 17 heures et du dernier office du jour, les complies, vers 18 heures. Les moines gagnaient ensuite leur dortoir dans le plus grand silence pour dormir.

Le cloître de l'abbaye cistercienne de Notre-Dame de Sénanque fondée en 1148.

Le Mont Saint-Michel, abbaye bénédictine dont le début de la construction remonte au 11e siècle.

Une vie de travail

Entre les périodes de prière, les moines travaillaient aux champs ou dans des ateliers pour répondre à tous les besoins de la communauté. Ils cultivaient des céréales, faisaient de l'élevage et produisaient du vin. Dans les nombreux ateliers s'activaient en silence des moines boulangers, tisserands, charpentiers, menuisiers, couvreurs, serruriers, verriers ou forgerons. Les moines devaient travailler de leurs mains pour ne dépendre de personne, mais aussi pour éviter une oisiveté considérée comme néfaste pour l'âme.

Une vie intellectuelle et artistique

Grâce à leurs scriptoriums, les moines ont conservé et transmis des connaissances tout au long du Moyen Âge. Ils ont aussi donné un enseignement de grande qualité dans des écoles monastiques ouvertes aux laïcs. Grands bâtisseurs, ils ont marqué l'architecture du Moyen Âge. Ils ont également élevé l'enluminure au rang d'art et, en portant le chant grégorien à sa perfection, ils ont écrit un chapitre essentiel de l'histoire de la musique.

Renonçant au monde, les moines chantaient à pleins poumons huit heures par jour pour louer Dieu. Du fond de leurs monastères, en quête de perfection dans tous les domaines, ils ont eu une influence extraordinaire sur toute l'histoire du Moyen Âge.

- Comment trouves-tu la vie dans les monastères ? En quoi ce mode de vie est-il différent du tien ?

- Quel est l'aspect le plus intéressant et l'aspect le moins intéressant de la vie dans les monastères ? Explique ton point de vue.

L'art du livre au Moyen Âge

Lis ce texte pour savoir comment on fabriquait les livres au Moyen Âge.

Du 5e au 15e siècle, les parcheminiers et les moines copistes, enlumineurs et relieurs ont créé de véritables œuvres d'art. Ces premiers livres, on les a appelés *codex*. Entièrement fabriqués à la main, les codex étaient si finement travaillés qu'ils constituaient des objets très luxueux.

Les parcheminiers

C'est au Moyen Âge qu'on a produit la plus grande quantité de parchemins. Dans une première étape, le parcheminier faisait tremper des peaux d'animaux dans un bain de chaux : moutons, chèvres ou veaux, et plus rarement gazelles, antilopes ou autruches. Ensuite, il grattait le dos des peaux pour en enlever les poils.

Après avoir tendu ces peaux rasées sur des cadres, l'artisan raclait soigneusement les restes de chair et de graisse pour éviter que les peaux pourrissent. Une fois les peaux bien séchées, le parcheminier les enduisait d'une poudre de craie qui absorbait les dernières traces de graisse, puis il les lissait.

Au bout de 6 à 12 semaines, le parcheminier obtenait un parchemin, c'est-à-dire une grande feuille de cuir. Il ne lui restait plus qu'à découper cette mince peau en rectangle, à la plier selon le format désiré, puis à coudre ensemble les cahiers. On appelait cette «tablette à écrire» un codex, de la même façon qu'on désignait tous les livres à cette époque. Pour un seul codex, il fallait utiliser une quarantaine de peaux au total, mais certains livres en exigeaient plus de 150.

Les copistes

Jusqu'au 12e siècle, seuls les moines fabriquaient des livres. À cette époque, les livres étaient entièrement écrits à la main. Les moines copistes recopiaient en latin des textes religieux, mais aussi des textes d'auteurs de l'Antiquité ou des textes de loi. Dans le scriptorium, la pièce du monastère qui leur était réservée, les copistes traçaient d'abord avec une pointe métallique des lignes qu'ils effaçaient plus tard : les préréglages. Ils trempaient ensuite leur plume d'oie dans une corne de bœuf remplie d'encre et se mettaient à copier. S'ils faisaient une erreur, ils l'effaçaient avec un grattoir.

Pour économiser les coûteux parchemins, les moines formaient des lettres très serrées et utilisaient beaucoup d'abréviations. Leur calligraphie devait être soignée et conforme au style de l'époque. L'écriture a d'abord été « onciale », faite de gros caractères arrondis. Au 9e siècle, on est passé à l'écriture caroline, plus fine. L'écriture gothique, haute et étroite, est apparue au 12e siècle. En une journée, un copiste pouvait couvrir 4 feuilles de 35 à 50 centimètres sur 30 centimètres.

Les enlumineurs

À partir du 6e siècle, certains moines se sont spéciali- sés dans l'enluminure, soit la décoration des pages des livres à l'aide de motifs très fins, dessinés ou peints. Les enlumineurs faisaient souvent des lettrines, c'est-à-dire qu'ils formaient les premières lettres des chapitres ou des paragraphes avec des dessins abstraits de végétaux et, plus tard, d'animaux et de personnages.

À partir du 12e siècle, des laïcs ont commencé à exercer les métiers de copiste, d'enlumineur et de relieur. Dès lors, les illustrations ont occupé beaucoup plus de place dans les livres, et les textes en ancien français se sont multipliés.

Les relieurs

Une fois les manuscrits terminés, le moine relieur avait l'importante mission de les couvrir afin de les protéger. Pour assembler les cahiers de parchemin, le relieur les cousait avec des bandes de cuir. Il mettait ces cahiers ainsi cousus entre deux planchettes de bois qu'il recouvrait d'étoffe de qualité variable selon l'importance de l'ouvrage.

Suivant les consignes de ses supérieurs, le moine relieur allait jusqu'à orner les couvertures de fils d'or ou d'argent, de pierres précieuses et d'ivoire. Souvent, le relieur renforçait les coins des couvertures avec du métal. Un fermoir de métal ou des lanières de cuir empêchaient les parchemins de gondoler.

Des pièces de collection

Le travail colossal et minutieux que chaque manuscrit représentait au Moyen Âge est à l'origine de l'expression «faire un travail de moine». Des siècles

plus tard, les amateurs de beaux livres savent encore pleinement l'apprécier. À preuve, les magnifiques ou- vrages qui ont été conservés depuis lors valent aujour- d'hui une fortune. Ces pièces, toutes uniques, sont conservées dans des musées. Comme elles sont extrê- mement fragiles, les spécialistes en prennent grand soin.

○ Lequel de ces métiers du livre te semble le plus intéressant ? Pourquoi ?

○ Toi, aimes-tu les beaux livres ? Explique.

La Dame à la licorne

On croit que cette magnifique tapisserie murale a été réalisée au 15e siècle dans un atelier flamand d'après le dessin d'un artiste français anonyme. Elle fait partie d'une série de six tapisseries qui, selon les experts, représentent les cinq sens. Celle qui est reproduite ici, la sixième de la série, pourrait représenter la pensée, en tout cas une vertu associée aux choses de l'esprit.

La série de tapisseries, qui a fait l'objet de plusieurs études, est reconnue pour l'harmonie de ses couleurs, la sobriété de ses tons ainsi que la splendeur des vêtements et parures qui y sont représentés.

Une maquette de château

Le travail de l'architecte

En tant qu'architecte, tu dois dessiner les plans du château et les proposer au seigneur avant que la construction commence.

Dessine donc toutes les faces du château ainsi qu'une vue de « survol ». Combien y aura-t-il de tours de garde et de murs d'enceinte ? Quelle sera la forme des tours et du donjon ?

Prévois-tu faire construire des hourds, ces structures de bois qui surplombent les murs ou les tours ? Ils protègent les défenseurs du soleil, de la pluie et des projectiles. Peut-être préféreras-tu des mâchicoulis, ces derniers ayant l'avantage de ne pas prendre feu puisqu'ils sont en pierre.

Le seigneur t'a également demandé de dessiner une coupe du donjon. Combien aura-t-il d'étages ? Quel sera l'usage de chaque étage ?

Le seigneur t'a demandé de construire diverses dépendances : un four pour cuire le pain, des cuisines avec une boucherie, des salles pour les gardes, des écuries, des entrepôts pour le fourrage, la nourriture, les munitions. Il a même demandé une chapelle. Comment disposeras-tu ces bâtiments ?

As-tu prévu dans tes plans un endroit pour stocker des réserves de nourriture en cas de siège ? Souvent, le premier mur d'enceinte du château était tellement épais qu'il formait une immense chambre forte dans laquelle on pouvait ranger des réserves de vivres pour plusieurs mois.

Quand tes plans seront prêts, va les présenter au seigneur. Tu devras peut-être les modifier plusieurs fois, car souvent les nobles ont des idées un peu saugrenues. Ensuite, il te faudra engager les charpentiers, les carriers, les tailleurs de pierre et les maçons.

Joue le rôle de l'architecte pour faire la maquette d'un château fort.

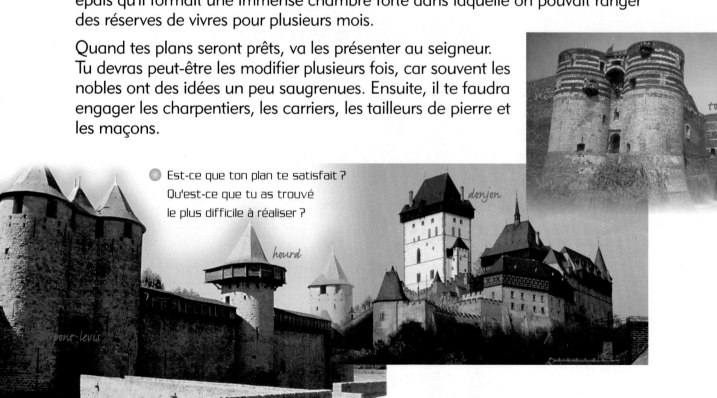

Est-ce que ton plan te satisfait ? Qu'est-ce que tu as trouvé le plus difficile à réaliser ?

donjon

mâchicoulis

tour de guet

hourd

chemin de ronde

pont-levis

herse

mur d'enceinte

douves

Pauvre Rutebeuf

Que sont mes amis devenus
Que j'avais de si près tenus
Et tant aimés
Ils ont été trop clairsemés
Je crois le vent les a ôtés
L'amour est morte.
Ce sont amis que vent emporte
Et il ventait devant ma porte
Les emporta.

Avec le temps qu'arbre défeuille
Quand il ne reste en branche feuille
Qui n'aille à terre
Avec pauvreté qui m'atterre
Qui de partout me fait la guerre
Au temps d'hiver.
Ne convient pas que vous raconte
Comment je me suis mis à honte
En quell' manière.

Que sont mes amis devenus
Que j'avais de si près tenus
Et tant aimés
Ils ont été trop clairsemés
Je crois le vent les a ôtés
L'amour est morte.
Le mal ne sait pas seul venir
Tout ce qui m'était à venir
M'est avenu.

RUTEBEUF

Le défi de Méléagant

Chapitre 2

Tandis que le chevalier masqué qui avait perdu sa monture s'obstinait à rejoindre Méléagant, une charrette conduite par un nain fort laid le frôla.

«Je vois que tu as besoin d'aide, dit le hideux personnage. Monte dans ma charrette et tu auras ce que tu veux.

— Même des nouvelles d'une dame qui m'est très chère? demanda le chevalier.

— La reine Guenièvre? Mais bien entendu!» dit l'affreux bonhomme.

Il faut dire qu'en ces temps-là la charrette servait à conduire les voleurs et les meurtriers. Y monter, pour un chevalier, c'était renoncer à ce qu'il avait de plus cher : son honneur. Le chevalier masqué fit ce qu'aucun autre n'eut fait. Quand les gens de la ville l'aperçurent dans la charrette, ils lui marquèrent leur dégoût en l'insultant et en lui jetant de la boue et des ordures au visage. Mais l'étrange chevalier demeura stoïque, considérant que ce n'était là qu'une bien petite épreuve à supporter pour sauver Guenièvre.

Le nain expliqua ensuite au chevalier comment accéder au château de Baudemagu, le père de Méléagant. Il existait deux passages : le pont de l'Épée, qui consistait en une longue lame d'acier tranchant, et le pont sous l'Onde, qui était une poutre étroite complètement immergée. « Sache, précisa le nain, que ton péril sera moins grand si tu choisis le second passage. » Sans hésiter une seconde, le chevalier choisit le premier.

Sitôt rendu au pont de l'Épée, le courageux chevalier entreprit son ascension en rampant sur l'acier. Le métal perçait son armure et lui lacérait la peau. En tomber signifiait une mort certaine. À la fenêtre du donjon, il aperçut bientôt Guenièvre. Son ardeur et son courage redoublèrent alors. Lorsqu'il accéda enfin au château, il était couvert de plaies profondes et douloureuses, mais rien dans son attitude ne laissait transparaître sa souffrance.

Avisé et loyal, le roi Baudemagu n'avait besoin de rien de plus. Il était prêt à répondre à tous les désirs de ce si vaillant chevalier qui avait franchi le sinistre pont de l'Épée, ce pont sur lequel nul autre ne s'était engagé sans périr. Aussi dit-il à son fils : « J'aimerais bien rendre la liberté à ce brave chevalier et le laisser rentrer dans son pays avec Guenièvre. Si tu acceptais cela, Méléagant, tous les gens de mon royaume te louangeraient éternellement. »

Mais l'impétueux Méléagant était furieux. Il voulait combattre l'indésirable visiteur masqué, même s'il craignait qu'il s'agisse du célèbre Lancelot, l'adversaire le plus redoutable qui soit. Le combat fut prévu pour le lendemain, dès l'aube.

* * *

Après une nuit de sommeil bien méritée, le mystérieux chevalier se rendit au lieu du combat. Le roi Baudemagu lui demanda alors de se démasquer. Lorsque la reine Guenièvre reconnut Lancelot, son fervent serviteur, elle faillit perdre conscience tant elle était émue. Son regard plein de reconnaissance et d'admiration redonna toute sa vigueur au chevalier blessé.

Après le signal, les deux chevaliers s'élancèrent à toute vitesse sur leurs destriers et ils se heurtèrent avec une telle violence que le bouclier de Méléagant vint lui frapper la tempe. Sous le choc, les mailles de son haubert s'étaient percées. Il tomba lourdement par terre. Lancelot descendit alors de son destrier et poursuivit le combat. Sous ses terribles coups d'épée, les mailles de Méléagant se rompaient chaque fois, si bien que le sol se couvrit de sang.

Voyant que son fils allait perdre le combat, le roi Baudemagu vint supplier Guenièvre. «Dame, je vous ai traitée avec honneur pendant votre captivité. Je vous prie maintenant de demander à Lancelot de cesser le combat.» La reine s'adressa alors au chevalier : «Veuillez cesser le combat, brave Lancelot!» Et Lancelot rangea aussitôt son épée.

Bientôt, Guenièvre, Lancelot, Keu et tous les captifs du royaume de Baudemagu rentrèrent au château du roi Arthur. Celui-ci vint donner l'accolade à son chevalier et délaça lui-même son heaume. La reine Guenièvre et tous les barons de la cour entourèrent Lancelot pour louer son courage. Et Keu, le sénéchal, accourut à son tour vers Lancelot. S'inclinant devant lui, il lui dit avec émotion : «Vous êtes le plus grand chevalier du royaume!»

Les machines de guerre

Lis ce texte qui décrit les machines de guerre qu'on utilisait au Moyen Âge.

Au Moyen Âge, les machines de guerre sont assez rudimentaires, car les ingénieurs de l'époque ne savaient pas toujours appliquer les règles de la géométrie. Mais la férocité des assauts compensait la faiblesse des méthodes de calcul. Pour assiéger un château fort ou une ville fortifiée, il fallait percer leurs remparts. En dirigeant les boulets vers les points faibles des constructions, une archère par exemple, les assaillants pouvaient ensuite s'introduire de force chez leurs ennemis. Voici quelques machines de guerre qui ont eu leur heure de gloire.

mangonneau

Le mangonneau à roues de carrier

Cet engin imposant, en partie à cause de
ses treuils à roues, n'a pas que des avantages.
Certes, cet ancêtre du canon permet de
propulser des boulets pesant jusqu'à
100 kilos à une distance de 150 mètres,
ce qui cause d'importants dégâts aux
fortifications. Mais un seul tir nécessite
presque deux heures de préparation
et mobilise une douzaine d'hommes.
De plus, sa précision laisse beaucoup
à désirer.

Le trébuchet

En matière de machines de guerre, le trébuchet constitue
la première vraie réussite de l'époque. Pour le construire,
les ingénieurs appliquent des méthodes de calcul de
façon assez systématique. Le trébuchet propulse jusqu'à
220 mètres des boulets pesant jusqu'à 125 kilos.
Toutefois, il ne permet que deux tirs par heure. Il
semble que cet inconvénient était largement com-
pensé par l'effet que la machine produisait sur les
assiégés. On rapporte que beaucoup se rendaient
aussitôt qu'ils voyaient l'engin approcher des murs.

La perrière et la bricole

Même si c'est la moins puissante en son
genre, la perrière, qu'on appelle aussi
calabre, a une cadence de tir
rapide, soit un tir par minute.
Elle permet de propulser des
boulets de 3 à 12 kilos à une
distance de 40 à 60 mètres.
La bricole est un peu plus
perfectionnée que la perrière.
À la même cadence de tir
que la perrière, elle
permet de propulser
des charges plus
lourdes, jusqu'à
30 kilos, et à une
distance de
80 mètres.

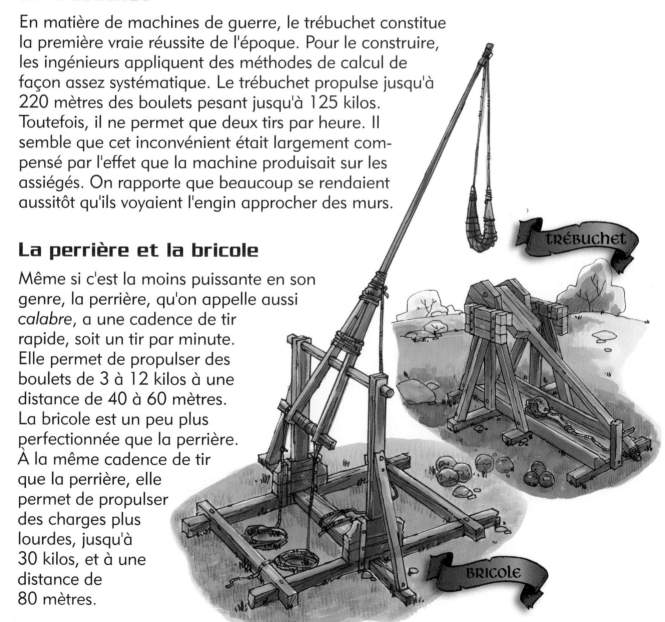

trébuchet

BRICOLE

Le couillard

Il s'agit là de la machine à contrepoids la plus efficace. Deux sacs de cuir, plus tard remplacés par des huches de bois, contenaient des boulets totalisant une charge de 35 à 80 kilos. Cette division des charges en deux facilitait la manutention. On faisait une dizaine de tirs de 180 mètres en une heure, ce qui pouvait causer de fameux dégâts !

Les machines à ressort

La catapulte ressemble à une énorme trappe à souris, mais son mécanisme, plutôt que de se refermer sur une proie, se déclenche violemment en sens inverse pour projeter, ou catapulter, un boulet qu'on a déposé dans sa cuiller de bois. Quand on fait se relever le bras au bout duquel on a mis la charge, il se cogne à la barre transversale de la catapulte, ce qui donne un très bon élan au boulet. On rapporte que les guerriers sanguinaires remplaçaient parfois un boulet par une tête ennemie...

Autre type de machine à ressort, le baliste, une arbalète géante, projette non pas des boulets, mais plutôt une longue flèche appelée *carreau de baliste*. Sa portée est d'environ 300 mètres.

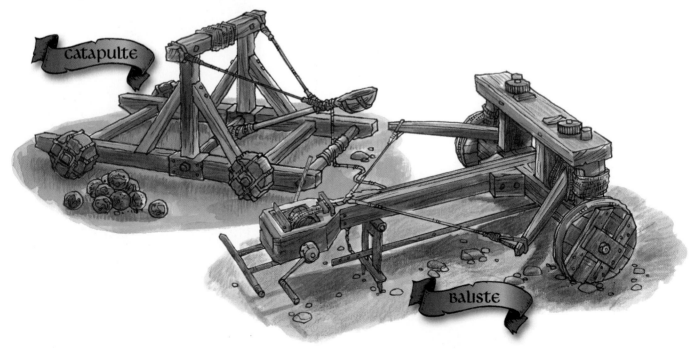

Le beffroi et le bélier

Le beffroi est une tour mobile dans laquelle les assaillants montaient pour franchir les remparts plutôt que de les démolir. C'est là une variante, beaucoup plus sécuritaire, de la simple échelle ! Certaines de ces tours roulantes ont à leur base un bélier, c'est-à-dire une petite cabane de bois munie d'une poutre ou d'une énorme flèche solide qui en sort à l'horizontale pour défoncer les murs ou attaquer les soldats. Ce genre de char d'assaut était aussi appelé *truie* ou *chatte*.

BEFFROI

BÉLIER

Toutes ces machines de guerre mettaient à contribution beaucoup d'artisans et de concepteurs. De nos jours, des gens se spécialisent dans l'étude de ces machines médiévales. On en fait même des reconstitutions. Tu peux en voir dans les musées, sur des sites historiques d'Europe et pendant certaines manifestations médiévales très courues par les passionnés.

● Quelle machine t'impressionne le plus ? Pourquoi ?

● Aimerais-tu faire la maquette d'une de ces machines ? Laquelle choisirais-tu ?

La loyauté «en herbe» du chevalier Arnaud

Armelle CHITRIT

Le jour inonde peu à peu de mauve les murailles et les tours du château de Grangé. Debout sur le chemin de ronde, Arnaud regarde quelques cavaliers partir pour la chasse. Dans cette région merveilleuse, le gibier abonde en forêt. C'est une belle journée d'automne qui s'annonce.

Le château s'anime peu à peu. Le chant des oiseaux se laisse couvrir par le bruit de toutes les activités. Des cuisines, de bonnes odeurs commencent à se répandre. Ce soir, le seigneur de Grangé reçoit le prince de Bretagne. Il donne une grande fête en l'honneur de son visiteur.

Le cor de chasse retentit. Arnaud a déjà rejoint ses jeunes compagnons et tous revêtent leur équipement de combat : le gambison, vêtement rembourré qui protège le corps des frottements du haubert, les chausses, le heaume. Gauthier, l'écuyer qui sert Arnaud depuis des années, sera prochainement adoubé. Il aide le jeune chevalier à se préparer pour le grand tournoi. Chacun connaît bien le prix de son armure et en prend soin comme d'un joyau. La mère d'Arnaud y a cousu un blason.

Arnaud ne néglige pas son entraînement, mais il ne peut s'empêcher de rêver aux exploits qui feraient de lui un héros, comme Arthur, Perceval ou Lancelot. Il songe à vivre un amour heureux. Pensif, le voici qui absorbe, dans un geste tout à fait inattendu, toute une rasade de philtre au déjeuner, guidé par l'espoir de devenir un inoubliable guerrier.

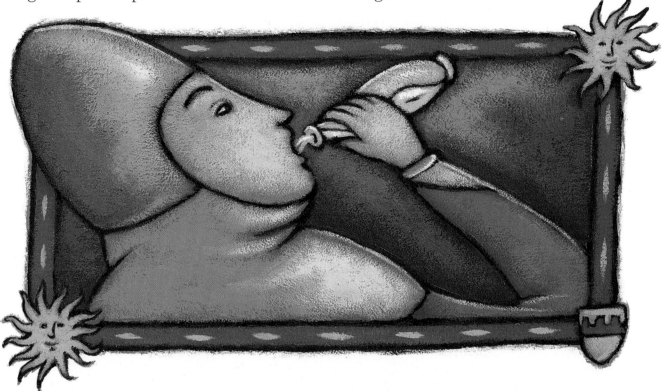

Arnaud et ses compagnons franchissent le pont-levis pour se rendre au pied des remparts, lieu du tournoi. Là s'étend un vaste terrain plat et dégagé, les lices. On y a dressé une quintaine, simple mannequin pivotant sur un pieu. Les chevaliers devront la renverser d'un seul coup de lance, sans quoi ils seront rudement frappés.

Arnaud est impatient de prouver sa vaillance dans un vrai combat. La mort ne l'effraie pas. Il sait qu'un jour ou l'autre il devra périr au combat. Il espère seulement que, d'ici là, il aura eu la chance de prouver sa loyauté, son courage et sa courtoisie.

Entré au service du sire de Grangé comme écuyer, il est aujourd'hui l'un de ses plus fidèles chevaliers. Il possède, entre autres chevaux, un magnifique destrier, son grand cheval de bataille, qu'il nourrit et dont il prend soin. Si le royaume était menacé, Arnaud se sentirait prêt, dès demain, à combattre aux côtés de son seigneur. Mais il lui reste bien des prouesses à accomplir avant que l'on reconnaisse en lui un redoutable guerrier.

On a installé une loge où la reine et ses compagnes ont pris place pour ne rien manquer du tournoi. Épées et armures étincellent au soleil, projetant leur éclat jusque dans l'eau de la rivière.

Un des vassaux de l'armée adverse passe le gué et s'approche soudainement d'Arnaud qui ne le voit pas. Le jeune chevalier reste là sans bouger, subjugué par la grande beauté de la reine. Il faut que Gauthier, son fidèle écuyer, lui jette une poignée de terre au visage pour que notre jeune homme sorte de sa rêverie.

Revenu à lui, Arnaud, de toute la vitesse de son destrier, se précipite courageusement sur l'ennemi. D'un seul coup, il désarçonne son adversaire. Tous les cavaliers des deux camps s'élancent alors dans une terrible mêlée. On n'entend plus que les bruits de sabots frapper la terre. Ici, le cri d'un combattant; là, le soupir de la reine; plus loin, le cri d'une de ses compagnes.

Au plus fort de la bataille, le sire de Grangé fait de véritables prouesses, mais c'est Arnaud dont on remarque, ce jour-là, l'inégalable valeur. La reine en semble toute troublée.

Arnaud disparaît au crépuscule, comme Lancelot au tournoi de Galore. Encore très émue, Sa Majesté la reine Oriane ordonne qu'on aille chercher cet étonnant damoiseau.

Fatigué, Arnaud s'est étendu dans un coin de la forêt, à quelques lieues du combat. Il dort maintenant d'un sommeil si profond que personne n'ose le réveiller. Mais voilà qu'au petit jour la reine apparaît, comme une merveille. Arnaud s'aperçoit qu'Oriane, entourée d'oiseaux, lui tient la main, peut-être depuis des heures.

«Pour l'amour de qui combattez-vous ? lui demanda-t-elle.

— Je combats pour vous, ma reine», répondit Arnaud.

Mais l'effet du philtre se dissipe peu à peu, et Arnaud comprend qu'il s'agit d'un de ces rêves qui se produisent si souvent lors des tournois. Il est grisé par la tendre Oriane, dont le chant lui parvient, porté par le vent qui souffle entre les tours du château.

Et rien n'assure, encore aujourd'hui, que ce chevalier, par sa loyauté, réussit à conquérir l'âme de la jolie dame.

français

L'équipement du chevalier

Vers la fin du Moyen Âge, le chevalier porte plusieurs vêtements de protection. Sur sa chemise, il enfile d'abord le gambison de cuir matelassé qui le protège en atténuant la violence des coups, puis un vêtement en mailles métalliques : le haubert. Il met ensuite une brigantine en écailles d'acier. Enfin, il enfile la cotte d'armes, un vêtement en tissu qui porte son blason. L'armure est complétée par le casque et le camail.

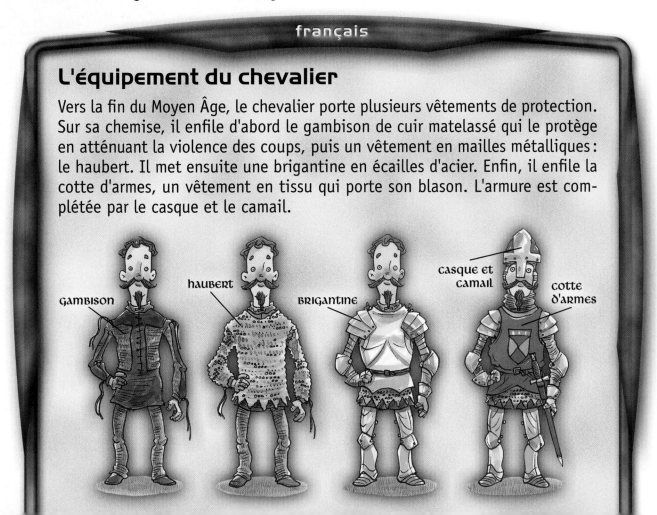

La vie de château

En lisant ce texte, demande-toi si tu aimerais vivre « la vie de château ».

Dans la grande salle du donjon de Château-Gaillard, le duc de Normandie, revenu de la guerre depuis peu, donne une fête en l'honneur de ses preux chevaliers.

Le repas

Dans la grande salle, le seigneur, sa dame ainsi que leurs invités de marque mangent à la « table haute ». Celle-ci est dressée sur une plate-forme à l'une des extrémités de la salle. Pour les autres invités et le reste de la maisonnée, on a dressé des tables de fortune en posant des planches de bois sur des tréteaux.

La nourriture est abondante. Le seigneur veut ainsi démontrer sa puissance et son habileté à la chasse. Il offre aux invités des rôtis de cerf, des faisans savamment montés, des pâtés de sanglier et diverses autres sortes de gibiers. On a fait cuire ces viandes en les assaisonnant avec les épices que les marchands ont rapportées de leurs voyages en Orient. Les épices rehaussent le goût des plats. Les viandes ne sont pas très fraîches. Au Moyen Âge, on aime la viande très faisandée, presque pourrie.

Dans les cuisines, on a préparé du pain et des pâtisseries de toutes sortes. De nombreux valets apportent des plats couverts d'une étoffe pour les garder au chaud, car la cuisine est très loin de la salle à manger. Ils versent ensuite le potage dans les écuelles et servent le vin dans de grands gobelets, appelés *hanaps*. Les convives se servent eux-mêmes de la viande et du poisson. Ils en tranchent des morceaux qu'ils déposent sur du pain qui leur servira d'assiette, car il n'y a pas de couverts. Comme la fourchette n'existe pas, ils utilisent leurs doigts pour porter à la bouche ce pain imbibé du jus des viandes. Le repas est joyeux et dure plusieurs heures.

Les divertissements

Des jongleurs manient aussi bien les balles que le feu et plusieurs sont de bons musiciens. Vers la fin du repas, alors que les conversations diminuent, le poète du château s'approche et récite quelques vers, accompagné de sa vielle.

Le seigneur a organisé un tournoi pour le lendemain. Les chevaliers s'y affronteront dans des jeux d'attaque et de défense. Ce sont des jeux dangereux au cours desquels plusieurs subiront des blessures graves, parfois mortelles.

Le sommeil

Le seigneur se lève, annonçant ainsi la fin du repas. Avec sa dame, il monte dans ses appartements, suivi des invités de marque qui dormiront dans sa chambre. Seul le lit du seigneur et de sa dame est isolé par des courtines. Quatre à huit invités partagent la même couche. Quant aux gens de la maisonnée et aux invités moins importants, ils dormiront à même le sol, sur de la paille, dans une grande chambre située au-dessus de celle du maître. La nuit est fraîche et il n'y a pas de vitres aux fenêtres. Des bûches brûlent dans d'énormes cheminées qui ne sont pas très efficaces. Bientôt la fumée se répand dans toutes les pièces.

L'hygiène

Comme il n'y a pas d'eau courante, on ne fait pas sa toilette avant de se coucher. On se contente de retirer ses vêtements. Rarement se paye-t-on le luxe d'un bain, car il faut alors faire chauffer de l'eau et la verser dans de grandes bassines. Quant aux vêtements, on les porte pendant plusieurs semaines ou même plusieurs mois sans les laver.

Il n'y a pas de toilettes non plus. On jette les excréments dehors par les fenêtres.

⬤ Quels aspects de la vie de château trouves-tu les plus étonnants ? Explique.

Regrouper ses idées en paragraphes

> Pour qu'un texte soit facile à suivre, tu dois le diviser en paragraphes. Tu regroupes dans chaque paragraphe les idées qui se rapportent à un même aspect ou qui ont quelque chose en commun.

● Ainsi, dans un **texte descriptif**, comme *Les monastères médiévaux*, on trouve :

un paragraphe pour l'**introduction**

un paragraphe pour chacun des **aspects** décrits

un paragraphe pour la **conclusion**

● Dans un **récit**, comme *Le défi de Méléagant*, on a :

un paragraphe pour la **situation de départ**

deux paragraphes pour l'**événement déclencheur** :
– un pour raconter le problème qui survient
– un pour rapporter les paroles prononcées

plusieurs paragraphes se rapportant chacun à une des **péripéties**

un paragraphe pour le **dénouement**

un paragraphe pour la **situation finale**

L'accord du verbe avec son sujet

Pour savoir comment repérer le verbe conjugué, consulte la page 94 de ton manuel A.

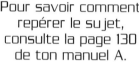

Le verbe s'accorde avec le **pronom sujet** ou avec le **noyau du groupe du nom sujet**.

Voici une démarche pour bien réussir l'accord du verbe.

● Trouve le **verbe conjugué** de la phrase. Écris **verbe** au-dessous.

Tu **modifieras** *peut-être tes plans, car les nobles* **ont** *souvent des idées saugrenues.*
　　　verbe　　　　　　　　　　　　　　　　　　　　　verbe

Pour savoir comment repérer le sujet, consulte la page 130 de ton manuel A.

● Trouve le **sujet**, qui peut être un **pronom** ou un **groupe du nom**.

　• Si le sujet est un **pronom**, indique **pron.** au-dessous ainsi que sa **personne** et son **nombre**.

Tu **modifieras** *peut-être tes plans, car les nobles* **ont** *souvent des idées saugrenues.*
pron.　verbe　　　　　　　　　　　　　　　　　　　verbe
2ᵉ pers. s.

　• Si le sujet est un **groupe du nom**, indique **nom** au-dessous du noyau. Inscris son **nombre**. Le nom est toujours à la **3ᵉ personne**. Inscris donc **3ᵉ pers.** et **s.** ou **pl.** selon le nombre.

Tu **modifieras** *peut-être tes plans, car* | *les* **nobles** | **ont** *souvent des idées saugrenues.*
pron.　verbe　　　　　　　　　　　　nom pl.　verbe
2ᵉ pers. s.　　　　　　　　　　　　　3ᵉ pers. pl.

● Fais une flèche qui part du pronom sujet ou du nom noyau sujet vers le verbe et vérifie si la terminaison du verbe correspond à la **personne et au nombre du sujet**.

Tu **modifieras** *peut-être tes plans, car les* **nobles** *o**nt** souvent des idées saugrenues.*
pron.　verbe　　　　　　　　　　　　nom pl.　verbe
2ᵉ pers. s.　　　　　　　　　　　　　3ᵉ pers. pl.

L'imparfait de l'indicatif

Les terminaisons de l'imparfait

Avoir	
J'	avais
Tu	avais
Il / elle	avait
Nous	avions
Vous	aviez
Ils / elles	avaient

Être	
J'	étais
Tu	étais
Il / elle	était
Nous	étions
Vous	étiez
Ils / elles	étaient

Les verbes en **er**	
J'	aimais
Tu	aimais
Il / elle	aimait
Nous	aimions
Vous	aimiez
Ils / elles	aimaient

Les verbes en **ir**	
Je	finissais
Tu	finissais
Il / elle	finissait
Nous	finissions
Vous	finissiez
Ils / elles	finissaient

Les verbes en **re**	
J'	écrivais
Tu	écrivais
Il / elle	écrivait
Nous	écrivions
Vous	écriviez
Ils / elles	écrivaient

Les verbes en **oir**	
Je	voyais
Tu	voyais
Il / elle	voyait
Nous	voyions
Vous	voyiez
Ils / elles	voyaient

Les terminaisons de l'imparfait sont les mêmes pour tous les verbes :
ais, ais, ait, ions, iez, aient.

> Voici des cas où l'on emploie l'imparfait de l'indicatif.

● L'imparfait exprime le **passé**.

*Au Moyen Âge, les seigneurs **possédaient** de vastes terres.*

*Jusqu'au 12ᵉ siècle, seuls les moines **fabriquaient** des livres.*

● On l'emploie dans les récits :

• pour faire des **descriptions** de lieux ou de personnages;

*Le roi Arthur n'**était** guère rassuré. Son sénéchal **était** certes très vaillant...*

• pour situer les **circonstances de l'action**.

*C'**était** le jour de l'Ascension. Le roi Arthur **tenait** sa cour comme à l'habitude, mais une terrible tristesse **régnait** dans tous les cœurs.*

● Après le mot **si**, l'imparfait indique une **supposition** ou une **condition**.

***Si** tu **vivais** au Moyen Âge, tu habiterais peut-être dans un château.*

Le futur simple et le conditionnel présent de l'indicatif

Les terminaisons du futur simple

Avoir	
J'	aurai
Tu	auras
Il / elle	aura
Nous	aurons
Vous	aurez
Ils / elles	auront

Être	
Je	serai
Tu	seras
Il / elle	sera
Nous	serons
Vous	serez
Ils / elles	seront

Les verbes en **er**	
J'	aimerai
Tu	aimeras
Il / elle	aimera
Nous	aimerons
Vous	aimerez
Ils / elles	aimeront

Les verbes en **ir**	
Je	finirai
Tu	finiras
Il / elle	finira
Nous	finirons
Vous	finirez
Ils / elles	finiront

Les verbes en **re**	
J'	écrirai
Tu	écriras
Il / elle	écrira
Nous	écrirons
Vous	écrirez
Ils / elles	écriront

Les verbes en **oir**	
Je	verrai
Tu	verras
Il / elle	verra
Nous	verrons
Vous	verrez
Ils / elles	verront

Les terminaisons du conditionnel présent

Avoir	
J'	aurais
Tu	aurais
Il / elle	aurait
Nous	aurions
Vous	auriez
Ils / elles	auraient

Être	
Je	serais
Tu	serais
Il / elle	serait
Nous	serions
Vous	seriez
Ils / elles	seraient

Les verbes en **er**	
J'	aimerais
Tu	aimerais
Il / elle	aimerait
Nous	aimerions
Vous	aimeriez
Ils / elles	aimeraient

Les verbes en **ir**	
Je	finirais
Tu	finirais
Il / elle	finirait
Nous	finirions
Vous	finiriez
Ils / elles	finiraient

Les verbes en **re**	
J'	écrirais
Tu	écrirais
Il / elle	écrirait
Nous	écririons
Vous	écririez
Ils / elles	écriraient

Les verbes en **oir**	
Je	verrais
Tu	verrais
Il / elle	verrait
Nous	verrions
Vous	verriez
Ils / elles	verraient

Dans une phrase commençant par **si**, où l'on exprime une condition à l'imparfait, on emploie le **conditionnel présent** pour indiquer **ce qui arriverait** si la condition se réalisait.

*Si le royaume **était** menacé, Arnaud **combattrait** aux côtés de son seigneur.*
      imparfait   conditionnel présent

Attention ! Il ne faut pas oublier le **e muet** dans la terminaison du futur simple et du conditionnel présent de certains verbes en **er** : *oublierai, oublierais, joueras, joueriez.*

PLANÈTE EN DÉTRESSE

Les catastrophes naturelles

Lis ce texte qui te présente cinq types de désastres naturels incontrôlables.

Les éruptions volcaniques

Le mot *volcan* vient de Vulcain, fils de Jupiter et de Junon. Selon une légende romaine, Vulcain avait installé ses forges dans la profondeur d'un cratère en Italie.

Pourquoi y a-t-il des volcans? Durant la formation de la Terre, il y a 4,5 milliards d'années, les éléments les plus lourds, comme les métaux, se sont concentrés au centre pour former le noyau de notre planète. Les éléments les plus légers sont remontés à la surface et ont formé l'écorce terrestre. Entre les deux se trouve une zone constituée de roches qu'on appelle le *manteau*.

Soumises à une chaleur aussi forte que 3700 °C, ces roches forment une matière en fusion appelée *magma*. Toujours agité, le magma exerce une pression sur la croûte terrestre. Aux endroits où celle-ci se fend et se casse, le magma peut jaillir à la surface de la terre pour déverser des torrents d'une matière en fusion appelée *lave*. On dénombre environ 1400 volcans terrestres actifs, et beaucoup d'éruptions volcaniques ont fait des milliers de morts.

Quand la terre tremble

Les tremblements de terre, ou séismes, sont d'autres cataclysmes destructeurs. Un séisme est une secousse rapide et parfois violente qui se produit à la surface de la terre après une libération soudaine d'énergie dans les entrailles du globe.

La croûte terrestre est composée de quatorze énormes plaques semi-rigides appelées plaques tectoniques. Ces plaques bougent continuellement et cela provoque d'énormes frictions. Lorsque ces frictions deviennent trop fortes, elles causent des vibrations, ou ondes sismiques, qui font trembler la terre.

Les tremblements de terre se produisent généralement le long des failles, c'est-à-dire à la jonction de deux plaques tectoniques. La Californie, aux États-Unis, est très exposée aux tremblements de terre parce qu'elle se trouve à proximité d'une importante faille : la faille de San Andreas. Le tremblement de terre qui a ravagé San Francisco en 1906 est resté tristement célèbre. En un peu plus d'une minute, il avait détruit la moitié de la ville, faisant plus de 3000 morts et 250 000 sans-abris.

L'intensité des tremblements de terre se mesure avec une échelle spéciale appelée *échelle de Richter*. Cette échelle est fondée sur la quantité d'énergie qui se dissipe durant un séisme. Chaque degré libère dix fois plus d'énergie que son prédécesseur. Ainsi, le degré 7 libère dix fois plus d'énergie que le degré 6, cent fois plus que le 5, mille fois plus que le 4, etc.

Une rue de San Francisco, après le tremblement de terre de 1906.

La faille de San Andreas, en Californie.

Une rue de San Francisco, après un tremblement de terre.

Les cyclones

Le mot *cyclone* vient du mot grec *kuklos*, qui signifie « cercle ». Un cyclone est un tourbillon de vents très violents qui tournent en spirale. Vu de très haut, il ressemble à une grosse tache de nuages qui sont attirés vers le centre, qu'on appelle l'*œil* du cyclone. Le cyclone est aussi appelé *ouragan* dans les Antilles et *typhon* dans le Pacifique.

Un cyclone est constitué d'une masse nuageuse fortement pluvieuse. La zone centrale, l'œil, mesure de 20 à 40 kilomètres de diamètre, mais le diamètre total du cyclone peut avoir de 400 à 1000 kilomètres. Un cyclone peut libérer une énergie dix fois plus grande que la bombe atomique qui a explosé à Hiroshima durant la Seconde Guerre mondiale.

Les vents provoqués par les cyclones peuvent atteindre des vitesses variant entre 120 et 300 km/h. Quand le cyclone atteint les terres, sa puissance décroît peu à peu puisqu'il n'est plus alimenté en vapeur d'eau, mais c'est là qu'il provoque les plus importants dégâts.

Lorsqu'un cyclone atteint le stade de tempête tropicale, avec des vents de 63 à 117 km/h, on lui donne un nom choisi dans une liste où alternent les prénoms masculins et féminins. Parmi les cyclones célèbres, il y a eu Mitch, qui a dévasté l'Amérique centrale en 1998, Andrew, qui a ravagé une partie des Bahamas, de la Louisiane et de la Floride en 1992, et Hugo, qui a frappé en 1989 la Guadeloupe et les îles Vierges, puis la Caroline du Sud. Un des cyclones les plus meurtriers, le cyclone 2B, a fait 140 000 victimes au Bengladesh en 1991.

Les tornades

Les tornades, de l'espagnol *torna* qui signifie «tourner», sont des perturbations atmosphériques tourbillonnantes de petite dimension, mais très destructrices. Ces phénomènes naturels, qui peuvent générer des vents de plus de 500 km/h, tuent de 300 à 400 personnes chaque année.

Les tornades se forment généralement au milieu de nuages orageux. De petits vents tourbillonnants se transforment en une véritable colonne d'air lorsque de l'air chaud et humide à la surface de la terre rencontre de l'air froid et sec. L'air s'élève brusquement du sol et il se produit alors un tourbillon à l'intérieur du nuage.

Le diamètre des tornades varie de 100 mètres à 2 kilomètres. Elles se déplacent à une vitesse de 40 à 100 km/h et ont une durée moyenne de 20 à 30 minutes, bien que certaines puissent sévir pendant quelques heures. Elles sont accompagnées de pluies torrentielles et de foudre.

Aussi étrange que cela puisse paraître, une tornade peut détruire une ville entière et en survoler une autre sans laisser aucune trace de son passage. Elle peut également arracher le toit d'une maison et laisser intact le terrain qui l'entoure. Elle peut aussi avoir une pointe si fine qu'elle ne démolira qu'un seul côté d'une rue. On raconte qu'en Alabama une poule prise dans une tornade soufflant à 200 km/h aurait été retrouvée complètement déplumée, mais vivante!

Vue aérienne des dégâts très localisés, causés par le passage d'une tornade.

C'est aux États-Unis qu'on enregistre le plus grand nombre de tornades : de 700 à 1200 par année ! Entre le 2 mai et le 11 mai 2003, plus de 430 tornades ont frappé 19 États, battant l'ancien record de mai 1995 (391 tornades). Cela a ravi ceux qu'on appelle les chasseurs de tornades, pour la plupart des scientifiques qui cherchent des tornades en vue de les étudier.

Les tsunamis

Tsunami est un mot d'origine japonaise qui signifie « vague dans le port ». Un tsunami est un brutal déplacement d'eau engendré, au fond des océans, par un tremblement de terre, un glissement de terrain ou une éruption volcanique. Le tsunami est en fait un raz de marée, une énorme vague de 20 à 80 mètres de hauteur. Essaie d'imaginer l'impact d'un gros immeuble qui avancerait à une vitesse de 40 km/h et tu auras une bonne idée de la puissance dévastatrice d'un tsunami. Pas étonnant qu'il soit impossible de le stopper. Lorsque la vague gigantesque atteint la rive, elle détruit tout sur son passage : maisons, édifices, automobiles, arbres et êtres vivants.

Les côtes du Pacifique subissent en moyenne un tsunami par an. Un des plus récents a dévasté les côtes de la Papouasie–Nouvelle-Guinée en juillet 1998.

- Fais une recherche pour en savoir plus sur l'une des catastrophes présentées dans le texte.
- Décris d'autres catastrophes naturelles en donnant des exemples.

science et technologie

Les Montérégiennes

Contrairement à la croyance populaire, le mont Royal et le mont Saint-Hilaire ne sont pas d'anciens volcans aujourd'hui éteints. Cette croyance tire sans doute son origine de la forme de ces collines. Toutes deux possèdent en effet une dé-pression centrale occupée par un lac, mais ce ne sont pas des lacs de cratère, et la roche qui forme ces collines n'est pas non plus d'origine volcanique. Les deux monts n'ont jamais été des volcans parce que le magma n'a jamais atteint la surface de l'écorce terrestre à cet endroit.

Nos catastrophes

Quand le ciel nous tombe sur la tête

Lis ces courtes chroniques de désastres naturels qui sont survenus dans nos régions.

En janvier 1998, pendant cinq jours, une tempête de verglas d'une force exceptionnelle a frappé l'est du Canada, touchant une partie de l'Ontario, le sud du Québec et des provinces maritimes. Avec des précipitations qui ont atteint jusqu'à 100 millimètres dans certaines municipalités, cette pluie verglaçante provoqua l'événement météorologique le plus destructeur de l'histoire canadienne.

En quelques heures, c'est la désolation. On se croirait dans une zone de guerre ou dans un film catastrophe de Hollywood. Sous le poids du verglas, les lignes électriques ne tiennent pas le coup. Les poteaux s'effondrent les uns après les autres et les pylônes d'acier se tordent, laissant des millions de personnes dans le noir et le froid pendant des heures, des jours et même des semaines.

Au Québec, plus de 3000 kilomètres du réseau d'Hydro-Québec ont été endommagés, entraînant la perte de 1000 pylônes, 4000 transformateurs et 24 000 poteaux. On estime que 1,4 million de foyers, totalisant près de 3,5 millions de personnes, se sont retrouvés sans électricité, sans éclairage ni chauffage. Dans certaines régions, les pannes ont duré jusqu'à 34 jours.

Privés de courant en plein hiver, près de 100 000 Québécois se sont réfugiés dans l'un des 450 centres d'hébergement mis sur pied par la Croix-Rouge. Les autres résidants des régions touchées ont été accueillis par des proches.

Durant cette crise du verglas, les fermiers et les agriculteurs ont été durement frappés. Plusieurs granges se sont écroulées sous le poids de la glace, tuant le bétail. À cause de la panne, on a dû jeter des millions de litres de lait. Des érablières et des vergers ont été complètement dévastés et des millions d'arbres ont été meurtris ou détruits.

Plus de 16 000 soldats de l'armée canadienne ont aidé au nettoyage et assuré la sécurité des citoyens. Des milliers de bénévoles ont généreusement offert leurs services. Plusieurs artistes québécois ont mis sur pied une tournée de spectacles gratuits pour remonter le moral des victimes. Les reporters et les journalistes travaillaient jour et nuit pour informer la population.

Au Québec, cette tempête de glace a causé, directement ou indirectement, la mort de 21 personnes. Parmi les causes des décès, il y a eu l'hypothermie, l'asphyxie au monoxyde de carbone et les incendies provoqués par des appareils de chauffage de fortune ou par de simples bougies.

Personne n'avait prévu une pareille perturbation météorologique. Lorsque la température oscille près du point de congélation, il est impossible de savoir s'il tombera de la pluie, de la glace ou un mélange des deux. Une variation de un degré au-dessus ou au-dessous du point de congélation peut déterminer le type de précipitations.

Il y a de la pluie verglaçante lorsqu'une couche d'air chaud est prise en sandwich entre deux couches d'air plus froid, sous zéro. La masse d'air chaud et humide monte. Lorsqu'elle touche la couche d'air froid du dessus, cela provoque des précipitations. La pluie se refroidit en traversant la masse d'air froid du dessous, puis se transforme finalement en glace dès qu'elle touche le sol ou tout autre objet. Plus la pluie dure longtemps, plus la glace devient épaisse. Et destructrice !

Le déluge

Le 18 juillet 1996, une gigantesque dépression cyclonique commence à se former au-dessus du centre du continent nord-américain. En raison de conditions particulières, cet énorme système nuageux stagne au-dessus de la réserve faunique des Laurentides. Les 19 et 20 juillet, cette masse nuageuse s'élève juste au-dessus de la région du Saguenay et c'est le début du cauchemar.

En 36 heures, il tombera 250 millimètres de pluie, soit la quantité de pluie que cette région reçoit généralement en un mois ! Si ces précipitations étaient tombées en hiver, la région du Saguenay aurait reçu 3 mètres de neige. Gonflées par des pluies diluviennes, les eaux du lac Kénogami ont rapidement quitté leur lit, provoquant la crue des rivières qui ont tout emporté sur leur passage.

Bilan : des centaines de maisons inondées ou emportées par les eaux et une dizaine de milliers de personnes évacuées. Plusieurs ont perdu tous leurs biens, avalés par 10 millions de tonnes de boue, de gravier et de débris divers.

Les villes les plus durement touchées ont été Jonquière, Chicoutimi, La Baie, Laterrière, Ferland-et-Boilleau. Une fois de plus, la nature s'est déchaînée et a fait dix victimes. L'une de nos plus belles régions portera longtemps les cicatrices de ces inondations aussi dévastatrices qu'imprévues.

Un certain 14 juillet

Le 14 juillet 1987, Montréal subissait une intense vague de chaleur lorsque des orages ont déversé subitement plus de 100 millimètres de pluie. Pendant que cette pluie torrentielle s'abattait sur la ville et que de violents orages déracinaient les gros arbres et renversaient les lignes électriques, les réseaux d'égout s'engorgeaient, incapables d'absorber un ruissellement si soudain et si massif.

En moins d'une heure, l'autoroute Décarie, une voie rapide, a été recouverte de 3,6 mètres d'eau et il a fallu secourir des automobilistes prisonniers de leur voiture. Environ 300 personnes ont dû abandonner leur automobile. Dans toute la ville, quelque 350 000 maisons ont été privées d'électricité et 40 000 ont été inondées. Deux personnes ont perdu la vie : un homme de 80 ans s'est noyé lorsque sa voiture a été submergée et un autre est mort électrocuté.

○ Laquelle de ces catastrophes te semble la pire ? Explique.

○ As-tu entendu parler d'autres événements semblables ? Raconte.

Tout va très bien...

Allô! Allô! James! Quelles nouvelles?
Absente depuis quinze jours,
Au bout du fil, je vous appelle.
Que trouverai-je à mon retour?

Tout va très bien, Madame la Marquise,
Tout va très bien, tout va très bien.
Pourtant il faut, il faut que l'on vous dise,
On déplore un tout petit rien,
Un incident, une bêtise,
La mort de votre jument grise.
Mais à part ça, Madame la Marquise,
Tout va très bien, tout va très bien

Allô! Allô! Martin! Quelle nouvelle!
Ma jument grise morte aujourd'hui?
Expliquez-moi, cocher fidèle,
Comment cela s'est-il produit?

Cela n'est rien, Madame la Marquise,
Cela n'est rien, tout va très bien.
Pourtant il faut, il faut que l'on vous dise,
On déplore un tout petit rien.
Elle a péri dans l'incendie
Qui détruisit vos écuries.
Mais à part ça, Madame la Marquise,
Tout va très bien, tout va très bien

Allô! Allô! Pascal! Quelle nouvelle!
Mes écuries ont donc brûlé?
Expliquez-moi, mon chef modèle,
Comment cela s'est-il passé?

Cela n'est rien, Madame la Marquise,
Cela n'est rien, tout va très bien.
Pourtant il faut, il faut que l'on vous dise,
On déplore un tout petit rien.
Si l'écurie brûla, madame,
C'est qu'le château était en flammes.
Mais à part ça, Madame la Marquise,
Tout va très bien, tout va très bien

Allô ! Allô ! Lucas ! Quelle nouvelle !
Notre château est donc détruit ?
Expliquez-moi, car je chancelle,
Comment cela s'est-il produit ?

Eh bien ! voilà, Madame la Marquise.
Apprenant qu'il était ruiné,
À pein' fut-il rev'nu de sa surprise
Que m'sieu l'marquis s'est emporté,
Et c'est en ramassant la pell'
Qu'il renversa tout's les chandell's
Mettant le feu à tout l'château
Qui s'consuma de bas en haut.
Le vent soufflant sur l'incendie
Le propagea sur l'écurie,
Et c'est ainsi qu'en un moment
On vit périr votre jument.
Mais à part ça, Madame la Marquise,
Tout va très bien, tout va très bien

Paul MISRAKI

LA TRAGÉDIE

Suzanne GRAVEL

Le 4 mai 1971, mon village a disparu. En quelques heures seulement. Le temps a passé, mais personne n'a oublié.

Tout a commencé par une panne d'électricité. Vers 23 heures, nous étions brusquement plongés dans le noir. On n'y voyait rien à deux pas. Dehors, c'était l'obscurité totale. Les automobiles, dont on aurait dû apercevoir les phares sur le pont, étaient étrangement absentes.

Puis il y a eu le bruit d'eau. On aurait dit un torrent très puissant, une chute d'eau tombant de très haut. Mais il n'y avait pas de chute à Saint-Jean-Vianney...

Soudain, la porte de la maison s'est ouverte, et des gens couverts de boue ont pénétré chez nous.

Leur maison venait d'être emportée. C'est alors que nous avons compris que les autos ne traversaient plus le pont, parce qu'il n'y avait plus de pont à traverser. Il avait été emporté, lui aussi. Et ces gens terrifiés, là, devant nous, ils venaient d'échapper à la mort!

Il n'y avait plus à hésiter. Il fallait fuir sans attendre.

> **Soudain, la porte de la maison s'est ouverte, et des gens couverts de boue ont pénétré chez nous.**

Dehors, nous nous pressions dans la nuit. Au cœur du village, le sol s'effondrait. Et à mesure qu'il s'écroulait, une rivière de boue se formait, emportant tout sur son passage : les automobiles, les maisons, les routes.

À présent, c'était la ruée. Pris de panique, les gens couraient et se bousculaient sans trop se rendre compte. Certaines personnes restées prisonnières de leur maison agitaient des faisceaux lumineux, en guise d'appel au secours. Hélas ! nous ne pouvions rien pour eux ! Nous n'aurions pu les sauver sans mettre en danger notre propre vie. Une grande partie de la nuit, des cris de désespoir montèrent du fond du torrent. C'était épouvantable !

Le lendemain, l'armée était là. Les secours étaient arrivés. La dévastation était horrible et le bilan de la catastrophe, très lourd. On nous a expliqué que le glissement de terrain avait commencé vers 22 h 15. Il avait atteint le village vers 22 h 55. Il avait alors suffi de 5 minutes pour emporter 41 maisons. Le plus atroce, c'est que 31 personnes étaient mortes, cette nuit-là. Je pourrais dire encore bien des choses. Mais j'aime mieux me taire. Ça me serre trop le cœur.

Au cœur du village, le sol s'effondrait. Et à mesure qu'il s'écroulait, une rivière de boue se formait...

Le Canada : une diversité parfois explosive

Voici un aperçu des désastres naturels qui peuvent survenir dans notre pays.

Le Canada est un pays immense. Avec ses 9 970 610 km², il est en superficie le deuxième pays du monde, après la Russie. Il s'ouvre sur trois océans : l'Atlantique à l'est, l'Arctique au nord et le Pacifique à l'ouest. D'est en ouest, on traverse six fuseaux horaires. Aussi étendu en latitude qu'en longitude, le pays comprend jusqu'à sept zones climatiques.

Les zones climatiques du Canada

LÉGENDE
- ☐ Climat arctique
- Climat subarctique
- Climat continental sec
- Climat continental humide
- Climat de montagne
- Climat maritime de l'Ouest
- Climat maritime de l'Est

0   250   500 km

À cause de son immensité et de sa variété climatique, le Canada est un pays très contrasté. Il comporte des bandes côtières maritimes, de hautes montagnes, de vastes plaines, des forêts gigantesques et d'interminables étendues de toundra et de glace.

Quand les éléments sont calmes, cette diversité naturelle est réjouissante. Mais quand certains facteurs météorologiques se combinent, le Canada devient un terrain propice à plusieurs types de catastrophes naturelles.

Dans quelle zone climatique habites-tu ? Peux-tu en décrire les caractéristiques ?

Les tornades Les régions peuplées du Canada subissent en moyenne 80 tornades par été. La plupart s'accompagnent heureusement de vents de moins de 160 km/h. Voyageant généralement du sud-ouest au nord-est, dans un bruit assourdissant, ces terribles tourbillons en entonnoir aspirent les toits, emportent les voitures et répandent les débris à des kilomètres.

Les principaux couloirs de tornades sont situés dans le sud de l'Ontario et de l'Alberta et dans le sud-est du Québec. Il y a aussi une bande à tornades qui va du sud de la Saskatchewan et du Manitoba jusqu'à Thunderbay en Ontario.

Les séismes La menace d'un séisme géant (8 et plus à l'échelle de Richter) est bien réelle dans le sud-ouest de la Colombie-Britannique. Des séismes de cette magnitude s'y sont produits à des intervalles d'environ 500 ans et le dernier remonte à 300 ans. À cet endroit, la plaque tectonique de Juan de Fuca est actuellement soudée à la plaque nord-américaine, mais tôt ou tard, d'ici quelques centaines d'années, les plaques vont se dégager, et cela entraînera un séisme géant.

Le verglas Les tempêtes de verglas peuvent se produire dans toutes les régions du Canada, sauf dans l'Arctique. Elles sont cependant plus courantes dans l'est du pays, de l'Ontario jusqu'à Terre-Neuve. Pour déterminer la gravité de ces tempêtes, on considère l'accumulation de glace, la durée des précipitations, le niveau de peuplement et l'étendue de la zone sinistrée. Suivant ces critères, le verglas qui a frappé l'est du Canada en 1998 est sans pareil.

Pendant 5 jours, il est tombé 85 mm de pluie verglaçante à Ottawa, 108 mm à Cornwall et 100 mm à Montréal. La tempête s'est abattue sur l'une des régions les plus peuplées et urbanisées du pays. La zone touchée traversait l'est ontarien, l'ouest québécois et s'étendait jusqu'en Estrie.

La tempête a fait 25 morts et perturbé la vie de 4,5 millions de personnes. Ce désastre naturel, le plus coûteux de l'histoire du Canada, a détruit des millions d'arbres, 120 000 kilomètres de lignes électriques et 130 pylônes de transport. Et il a empêché 17 % de la population de travailler.

Les inondations Il suffit parfois d'un hiver de neige très abondante, doublé d'un automne pluvieux, pour que le dégel printanier tourne à l'inondation dévastatrice. C'est ce qui s'est produit en 1996, dans la vallée de la rivière Rouge au Manitoba. Les scientifiques avaient pu évaluer les risques d'inondation, car ils surveillaient par satellite la surabondante fonte des neiges. Mais ils n'avaient pas prévu que de gigantesques embâcles bloqueraient l'écoulement du lac Winnipeg de façon si catastrophique.

Les incendies de forêts La forêt occupe environ 45 % du territoire canadien. Il y a donc de quoi alimenter la saison des incendies de forêts qui s'étend d'avril à octobre.

En 2002, au Canada, 2 757 174 hectares de forêt ont été ravagés par 7824 incendies. Les incendies de forêts sont attribuables à la négligence humaine et à la foudre. C'est au milieu de l'été, quand l'indice de sécheresse est au maximum, que la foudre en allume le plus. Lorsque l'étincelle jaillit et que les arbres s'embrasent, les sapeurs tâchent de circonscrire les brasiers pour protéger les zones résidentielles. Mais parfois le vent s'en mêle et l'incendie, devenu incontrôlable, consume des espaces habités. Cela s'est produit à l'été 2003, en Colombie-Britannique, où plus de 200 familles ont perdu leur maison.

● Établis des liens entre ces catastrophes naturelles et la géographie du Canada, son relief et son climat.

● Quel désastre naturel susceptible d'arriver au Canada te semble le plus dommageable ? Explique.

science et technologie

Les avalanches

Les sommets enneigés des Rocheuses évoquent le silence et l'immuabilité. Cependant, de temps à autre, une détonation semblable à un coup de tonnerre vient briser cette belle quiétude, et c'est l'avalanche.

Une avalanche, c'est une gigantesque masse de neige et de glace qui se détache du flanc d'une montagne et qui dévale à toute vitesse. Il y a trois types d'avalanches.

L'avalanche poudreuse Il est dangereux de s'aventurer dans le parc national de Banff immédiatement après une chute de neige abondante, car la neige instable peut alors provoquer des avalanches poudreuses. Les avalanches de ce type peuvent atteindre 360 km/h. Elles glissent à proximité du sol avec une force équivalente à celle d'un ouragan.

L'avalanche de plaque Lorsqu'un bloc entier de neige solide se détache du flanc des montagnes, les scientifiques parlent d'une avalanche de plaque. Ce type d'avalanche se produit surtout sur des pentes à l'abri du vent, là où d'épaisses couches de neige peuvent s'accumuler.

L'avalanche de fonte Le danger d'avalanches dans les Rocheuses ne se limite pas à l'hiver, car en haute altitude la neige peut durer jusqu'au milieu de l'été. Cela crée des conditions propices aux avalanches de fonte. En effet, lorsqu'une neige comprimée au maximum fond autour des rochers chauffés par le soleil, c'est un bloc de plusieurs couches de neige qui risque de se détacher de la montagne et de dévaler en formant d'immenses boules de neige.

En 2002, en Colombie-Britannique et en Alberta, 29 personnes ont péri dans des avalanches.

Construire un feu

Adapté d'un récit de Jack LONDON

Au Klondike, un pays nordique à la température extrême, il est très
hasardeux de parcourir de longues distances à pied. Mais si on se déplace
à pied et, en plus, tout seul, l'expérience est plus que périlleuse. C'est ce
qu'a pu constater Tom Dawson qui, avec sa forte constitution, sa solide
musculature, son habileté légendaire et son courage sans faille, se croyait
suffisamment armé contre la nature. On lui avait fortement déconseillé
de partir seul, mais rien à faire : cet homme était convaincu qu'il n'avait
besoin de personne pour se rendre d'un camp de prospecteurs à un autre.

Ce jour-là, la température était descendue à plus de cinquante degrés
au-dessous de zéro. Lorsqu'on crachait, la salive gelait et se brisait en éclats
avant même de tomber au sol. Cependant, malgré ce temps glacial, il n'était
pas impossible de mettre le pied à l'eau. En effet, des sources souterraines
jaillissaient par endroits. Bien cachées par des amas de neige et de glace,
les nappes d'eau étaient presque impossibles à détecter. Se tremper
les pieds provoquait des désagréments qui pouvaient grandement varier
en gravité. Il fallait alors construire un feu et sécher tout ce qui était
mouillé ou humide, sans quoi on risquait de se geler un membre et
d'en perdre l'usage. Ce qui pouvait, bien entendu, conduire à la mort.

De plus en plus, le marcheur était surpris de la violence du froid.
Le chien errant qui le suivait avait la mine basse et ne montrait
aucun signe d'enthousiasme. Toutefois, il s'obstinait à suivre
ce maître de fortune dans l'espoir de profiter
de la chaleur d'un feu.

Indifférent à la bête, Tom se frottait les joues et le nez régulièrement, car ils commençaient à geler et à perdre leur sensibilité. Le marcheur ne portait pas de cache-nez. C'était là un accessoire qu'il dédaignait. Pour prendre le biscuit qu'il portait sur sa poitrine, à l'abri du gel, il sortit la main de sa mitaine. Mais après quelques secondes, il se rendit compte que ses doigts commençaient à geler. Il se mit donc à courir pour tâcher de se réchauffer.

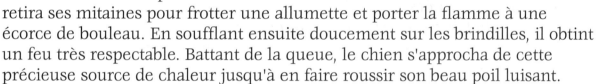

C'est alors qu'un de ses pieds rompit une mince couche de glace. Il sentit l'eau froide lui geler le sang. L'aventurier demeura calme. Son esprit pratique lui interdisait toute pensée dramatique et le portait immédiatement à trouver une solution efficace. Sans perdre un instant, Tom rassembla des brindilles et du bois pour faire un feu. Il retira ses mitaines pour frotter une allumette et porter la flamme à une écorce de bouleau. En soufflant ensuite doucement sur les brindilles, il obtint un feu très respectable. Battant de la queue, le chien s'approcha de cette précieuse source de chaleur jusqu'à en faire roussir son beau poil luisant.

Tom voulut alors enlever son mocassin mouillé, dont les lacets étaient déjà tout glacés. Afin de couper le fil de cuir, il s'efforçait, avec ses mains de moins en moins habiles à cause du froid, de sortir son couteau.

C'est alors qu'un second malheur survint : sous l'effet de la chaleur, la neige qui couvrait les branches du sapin sous lequel pétillait le feu se mit à tomber en masses compactes. Le chien sursauta et s'enfuit d'un seul bond. Sous cet amas de neige, le feu s'était bel et bien éteint. Il fallait sans tarder en allumer un autre.

Cette fois, l'entreprise était plus pénible et difficile. Tom sentait son corps se refroidir dangereusement. Ses dents claquaient et son corps frémissait. Il ne pouvait plus ouvrir la bouche : l'épaisse glace qui s'était formée dans sa barbe retenait ses mâchoires comme un étau ! L'homme fit de nouveau quelques pas de course pour se réchauffer et se rendit compte qu'il ne sentait plus ses pieds. Il commença alors à envisager la possibilité de mourir, ce qui fit surgir en lui une idée terrible.

Devant l'horreur de la mort, cet homme dur et solitaire se rappela une histoire qu'il avait entendue. Quelques années auparavant, un voyageur avait réussi à survivre à une tempête en tuant un jeune taureau. Dans les chaudes entrailles de l'animal, l'homme en péril avait pu réchauffer ses mains gelées. À son exemple, Tom tuerait le chien et sauverait sa propre vie. Mais il fallait pour cela le capturer et parvenir à l'éventrer. Avec les mains gelées, malgré toute sa rage de vivre, l'homme ne parvint même pas à empoigner son couteau, qui s'échappa de ses mains et s'enfouit sous la neige. Tom était désespéré.

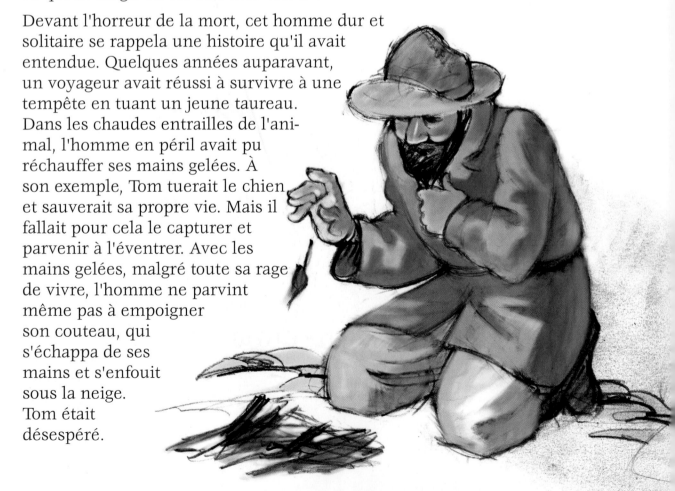

De moins en moins en possession de ses moyens, il aperçut cependant un gros tas de branchailles sous un conifère. Du pied, il le déplaça de sorte à ne pas répéter le triste scénario de la chute de neige. Maladroitement, il réussit à faire tomber des allumettes sur les branchailles. Les attrapant entre ses paumes, il les frotta brusquement sur la toile de ses vêtements. Mais il ne parvint qu'à se brûler les mains, ce dont il se rendit davantage compte par l'odeur de peau grillée que par son sens du toucher désormais complètement engourdi. Après avoir plongé les mains dans la neige, il reprit l'exercice avec obstination.

Miracle ! Cette fois, le feu prenait lentement mais sûrement. Tom s'approcha autant qu'il put du tas de bois enflammé et il parvint à se réchauffer. Ignorant les récentes pensées de son maître improvisé, le chien s'approcha tout naturellement de lui et lui communiqua la chaleur de son corps. Tom réussit à se dégourdir suffisamment les mains. Il avait la vie sauve.

Heureusement pour lui, Tom n'était plus loin du camp. Il s'y rendit à grand-peine, en boitillant. Des compagnons l'accueillirent et s'occupèrent de lui. Ils connaissaient la valeur de l'entraide. Au bout d'un mois, Tom put se remettre debout. Toute sa vie, ses pieds restèrent très sensibles au froid et ses mains portèrent les cicatrices du feu. Et jamais plus l'aventurier ne voyagea sur les terres du Nord sans l'assistance d'un compagnon.

Catastrophes hydriques

La sécheresse et l'inondation sont deux catastrophes hydriques, c'est-à-dire des désastres en rapport avec l'eau. L'inondation résulte de la surabondance des précipitations et la sécheresse, du manque de précipitations. Chaque année, dans le monde, les inondations tuent environ 20 000 personnes, alors que la famine due aux sécheresses prolongées en fait mourir plus de 200 000.

Dans un pays développé comme le Canada, la sécheresse ne fait plus mourir les gens, mais c'est tout de même un grave problème que le gouvernement tente d'atténuer en proposant des programmes d'aide aux fermiers.

Lis ce texte qui te présente un milieu très fertile, mais menacé par la sécheresse : les Prairies.

Qu'est-ce qu'une sécheresse ?

La plupart des sécheresses sont provoquées par des anomalies climatiques qui empêchent les précipitations d'atteindre certaines régions. Quand cela se produit, la température s'élève dans ces zones qui auraient autrement reçu des précipitations, et il y a sécheresse. Une fois la terre asséchée, l'évaporation nécessaire à la formation de nuages devient impossible. Les sécheresses peuvent donc durer des semaines, des mois ou même des années. En fait, elles se prolongent tant que les anomalies climatiques se maintiennent.

Les Prairies : désert stérile ou paradis fertile ?

Au cours des deux derniers millénaires, les Prairies ont périodiquement connu de graves sécheresses. Au milieu du 16e siècle, par exemple, l'une d'elles a duré environ 70 ans !

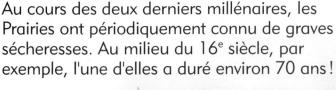

En 1857, le capitaine John Palliser mena une expédition dans les Prairies pour déterminer si on pouvait y faire de l'agriculture. Palliser conclut que le territoire était un semi-désert trop aride pour permettre la culture du grain. Après la Confédération, le gouvernement du Canada, désireux de coloniser ce territoire en y attirant des immigrants, y dépêcha le professeur Macoun, qui tira des conclusions inverses de celles de Palliser.

On le sait aujourd'hui : les deux hommes avaient raison. En effet, lorsqu'il y a des précipitations suffisantes, les Prairies sont fertiles et les céréales y poussent en abondance. Par contre, sans précipitations, elles deviennent le terrible désert de Palliser.

Un vent de calamité

Les années 1930 ont été catastrophiques pour les habitants des Prairies. En 1929, avec l'effondrement du marché boursier, le blé se vendait moins cher que les semences. Un malheur n'arrivant jamais seul, il a cessé de pleuvoir et le chinook, un vent chaud et sec, s'est mis à souffler.

Bientôt la riche terre agricole s'est réduite en fine poussière que des bourrasques emportaient violemment au loin. Le sol était si sec que le vent le soulevait, formant ainsi d'immenses nuages de sable et de poussière. L'opacité de ces « blizzards noirs » était telle qu'il faisait sombre en plein midi. Des jours d'affilée, le chinook souffla en rafales cet air irrespirable, fouettant sans pitié personnes et bêtes, salissant tout au passage.

La soude roulante, aussi appelée *chardon de Russie,* est pratiquement le symbole de la sécheresse et de la désolation.

Puis, après deux ou trois années d'étés torrides et d'automnes anormalement chauds, les habitants des Prairies ont vu fondre sur eux des nuées de sauterelles. L'air était si chargé d'insectes que les radiateurs des voitures se bouchaient. Couvertes d'une épaisse bouillie de sauterelles écrasées, les chaussées étaient dangereusement glissantes. Et comme les poules et les dindes se gavaient de sauterelles, leur viande et leurs œufs goûtaient très mauvais. Acculées à la faillite, des milliers de familles ont dû abandonner terre, maison et bâtiments, et tenter de trouver du travail à la ville. En 1937, la sécheresse avait atteint son paroxysme et il n'y avait même plus de foin pour nourrir les bestiaux.

Durant presque dix ans, en trois vagues successives, l'impitoyable vent de la sécheresse balaya la plaine, y semant misère et dévastation.

○ Explique quelles ont été les conséquences des sécheresses des années 1930 dans les Prairies.

Fièvre

Reprend le feu
Sous les cendres

Attention
On ne sait pas
Dans les débris

Attention
On sait trop bien
Dans les débris
Le moindre souffle et le feu part

Au fond du bois
Le feu reprend
Sournoisement
De moins en plus fort

Attention
Le feu reprend
Brûle le vent à son passage

Le feu reprend
Mais où passer
Dans les débris
Tout fracassés
Dans les écopeaux
Bien tassés

La chaleur chauffe
Le vent se brûle
La chaleur monte
Et brouille le ciel

À lueurs lourdes
La chaleur sourde
Chauffe et me tord

La chaleur chauffe
Sans flamme claire
La chaleur monte

Sans oriflamme
Brouillant le ciel
Tremblant les arbres
Brûlant le vent à son passage.

Le paysage
Demande grâce
Les bêtes ont les yeux effarés
Les oiseaux sont égarés
Dans la chaleur brouillant le ciel

Le vent ne peut plus traverser
Vers les grands arbres qui étouffent
Les bras ouverts
Pour un peu d'air

Le paysage demande grâce
Et la chaleur intolérable
Du feu repris
Dans les débris
Est sans une fissure aucune
Pour une flamme
Ou pour le vent.

Saint-Denys-Garneau

Les sauterelles

Adapté d'un récit d'Alphonse DAUDET

La nuit de mon arrivée dans cette ferme du Sahel, je ne pouvais pas dormir. Le pays nouveau, l'agitation du voyage, les aboiements des chacals, puis une chaleur énervante, un étouffement complet, comme si la moustiquaire n'avait pas laissé passer un souffle d'air...

Quand j'ouvris ma fenêtre, au petit jour, une brume lourde flottait dans l'air comme un nuage de poudre sur un champ de bataille. Pas une feuille ne bougeait. Les vignes, les orangers, les mandariniers, tout gardait le même aspect morne, cette immobilité des feuilles attendant l'orage. Les bananiers eux-mêmes, toujours agités par quelque souffle qui emmêle leur fine chevelure, se dressaient silencieux et droits.

Dans cette plantation merveilleuse, tous les arbres du monde se trouvaient réunis, donnant chacun dans leur saison leurs fleurs et leurs fruits. J'admirais le luxe et l'ordre de ces choses, cette belle ferme avec ses terrasses blanches, les écuries et les hangars. Je songeais qu'il y a vingt ans, quand ces gens étaient venus s'installer, ils n'avaient trouvé qu'une méchante baraque et une terre inculte. Tout à créer, tout à construire. Les maladies, les récoltes manquées, les tâtonnements de l'inexpérience. Que d'efforts ! Que de fatigues !

Encore maintenant, l'homme et la femme étaient les premiers levés. Je les entendais aller et venir dans les cuisines, surveillant le café des travailleurs. Bientôt une cloche sonna et les ouvriers défilèrent sur la route. À chacun d'eux le fermier distribuait sa tâche de la journée. Quand il eut fini, le brave homme scruta le ciel d'un air inquiet; puis m'apercevant à la fenêtre : «Mauvais temps pour la culture, me dit-il, voilà le siroco.»

En effet, des bouffées d'air suffocantes arrivaient du sud comme de la porte d'un four qu'on ouvre et referme. On ne savait où se mettre. Toute la matinée se passa ainsi. Les chiens, cherchant la fraîcheur, s'étendaient dans des poses accablées. Le déjeuner nous remit un peu, un déjeuner où il y avait des truites, du sanglier, du hérisson, des goyaves, des bananes, tout un dépaysement de mets qui ressemblait à la nature dont nous étions entourés... Tout à coup, de grands cris retentirent : «Les criquets! Les criquets!»

Mon hôte devint pâle comme un homme à qui on annonce un désastre. Les serviteurs s'élancèrent dehors en faisant résonner, avec des bâtons et des fourches, tous les ustensiles de métal qui leur tombaient sous la main. Les bergers soufflaient dans leurs trompes. D'autres avaient des cors de chasse. Cela faisait un vacarme effrayant, discordant, que dominaient d'une note suraiguë les «you! you! you!» des femmes arabes. Souvent, paraît-il, il suffit d'un grand bruit, d'un frémissement sonore de l'air, pour éloigner les sauterelles.

Mais où étaient-elles donc, ces terribles bêtes? Dans le ciel vibrant de chaleur, je ne voyais rien qu'un nuage venant à l'horizon, cuivré, compact.

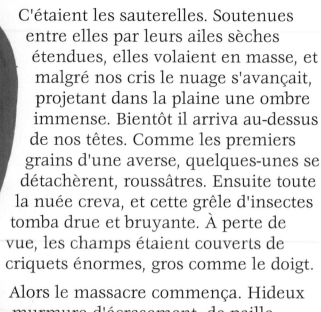

C'étaient les sauterelles. Soutenues entre elles par leurs ailes sèches étendues, elles volaient en masse, et malgré nos cris le nuage s'avançait, projetant dans la plaine une ombre immense. Bientôt il arriva au-dessus de nos têtes. Comme les premiers grains d'une averse, quelques-unes se détachèrent, roussâtres. Ensuite toute la nuée creva, et cette grêle d'insectes tomba drue et bruyante. À perte de vue, les champs étaient couverts de criquets énormes, gros comme le doigt.

Alors le massacre commença. Hideux murmure d'écrasement, de paille broyée. Avec les pioches, les charrues, on remuait ce sol mouvant. Et plus on en tuait, plus il y en avait. Celles du dessus faisaient des bonds de détresse, sautant au nez des chevaux attelés pour cet étrange labour. Les chiens, lancés à travers champs, les broyaient avec fureur. Des hommes flambaient les sauterelles en répandant de longues traînées de poudre.

Fatigué de tuer, écœuré par l'odeur infecte, je rentrai. À l'intérieur, il y en avait presque autant que dehors. Elles se traînaient, tombaient, volaient, grimpaient aux murs blancs avec une ombre gigantesque qui doublait leur laideur. Et toujours cette odeur épouvantable. À dîner, il fallut se passer d'eau, car tout était infecté. Le soir, dans ma chambre, j'entendis encore des grouillements sous les meubles. Cette nuit-là non plus je ne pus pas dormir.

Le lendemain, quand j'ouvris ma fenêtre, les sauterelles étaient parties; mais quelle ruine ! Plus une fleur, plus un brin d'herbe : tout était noir, rongé, calciné. Les bananiers, les abricotiers, les pêchers, les mandariniers se reconnaissaient seulement à l'allure de leurs branches dépouillées, sans le charme de la feuille qui est la vie de l'arbre. Partout des laboureurs creusaient la terre pour tuer les œufs laissés par les insectes. Chaque motte était brisée soigneusement. Et mon cœur se serrait de voir les mille racines blanches, pleines de sève, qui apparaissaient dans ces écroulements de terre fertile...

Les marqueurs de relation

Les **marqueurs de relation** sont des mots qui relient des mots, des groupes de mots ou des phrases.

En indiquant la **sorte de lien** qui existe entre des mots ou des phrases, les marqueurs de relation permettent de mieux comprendre le sens du texte. Regarde bien ces exemples.

En quelques heures, c'est le chaos **et** la désolation.

indique l'**addition**

Ses dents claquaient **et** son corps frémissait.

indique un **choix**

Les victimes ont pu être accueillies par leur famille **ou** par des proches.

Un éclair fendit le ciel. **Puis** on entendit le bruit fracassant du tonnerre.

indique l'**ordre**

indique le **moment**

Elle interrompit sa promenade **dès que** la pluie se mit à tomber.

Le temps a passé, **mais** personne n'a oublié.

indique l'**opposition**

Je pourrais dire encore bien des choses. **Mais** j'aime mieux me taire.

indique la **cause**

La Californie est très exposée aux tremblements de terre **parce qu'** elle se trouve à proximité d'une importante faille.

L'évaporation nécessaire à la formation des nuages devient impossible.

Par conséquent, les sécheresses peuvent durer des mois, des semaines ou des années.

indique la **conséquence**

indique une **comparaison**

Il neigeait **comme** il n'avait jamais neigé jusqu'à ce jour.

Expliquer un phénomène

Structure de cause à effet (ou problème-solution)

> Les textes dans lesquels on explique un phénomène ont une structure de cause à effet ou problème-solution.

Présentation du phénomène (ou du problème)

Le Canada : une diversité parfois explosive
Le Canada est un pays immense. [...] Aussi étendu en latitude qu'en longitude, le pays comprend jusqu'à sept zones climatiques.

Causes (ou caractéristiques)
plusieurs causes ou caractéristiques sont possibles

À cause de son immensité et de sa variété climatique, le Canada est un pays contrasté. Il comporte des bandes côtières maritimes, de hautes montagnes, de vastes plaines, des forêts gigantesques et d'interminables étendues de toundra et de glace.

Effets (ou solutions)
plusieurs effets ou solutions sont possibles

Quand les éléments sont calmes, cette diversité est réjouissante. Mais quand certains facteurs météorologiques se combinent, le Canada devient un terrain propice à divers types de catastrophes naturelles.

Les tornades [...]　　Le verglas [...]　　　　Les feux de forêts [...]
Les séismes [...]　　Les inondations [...]

> Comme on peut vouloir relever les causes et les effets d'un problème, puis proposer des solutions, certains textes auront une structure comme la suivante.

Présentation du problème

Causes
(plusieurs causes sont possibles)

Effets
(plusieurs effets sont possibles)

Solutions
(plusieurs solutions sont possibles)

Les temps simples et les temps composés

- Les **temps simples** sont des temps de verbe composés d'un seul mot. Les temps simples de l'indicatif sont :

TEMPS SIMPLES DE L'INDICATIF	
Présent	*Je dors*
Imparfait	*Je dormais*
Futur simple	*Je dormirai*
Conditionnel présent	*Je dormirais*

- Les **temps composés** sont des temps formés de deux mots : l'auxiliaire **avoir** ou **être** et le participe passé du verbe.

  Le **passé composé** de l'indicatif est un temps composé.

  J'ai dormi

  | auxiliaire **avoir** au présent | participe passé du verbe **dormir** |

  Je suis allé

  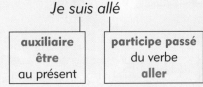

  | auxiliaire **être** au présent | participe passé du verbe **aller** |

  Les temps composés de l'indicatif sont :

TEMPS COMPOSÉS DE L'INDICATIF		
	avec l'auxiliaire avoir	**avec l'auxiliaire** être
Passé composé	*J'ai mangé*	*Je suis arrivé / arrivée*
Plus-que-parfait	*J'avais mangé*	*J'étais arrivé / arrivée*
Futur antérieur	*J'aurai mangé*	*Je serai arrivé / arrivée*
Conditionnel passé	*J'aurais mangé*	*Je serais arrivé / arrivée*

> Les verbes **être** et **avoir** sont appelés **auxiliaires** lorsqu'ils servent à former des temps composés.

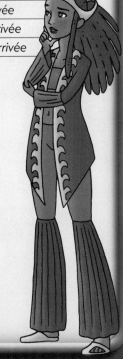

- La plupart des verbes se conjuguent avec l'auxiliaire **avoir** pour former les temps composés. Mais certains verbes qui expriment le mouvement, comme **aller**, **arriver**, **partir**, **tomber** et **venir**, ou d'autres comme **devenir**, **naître**, **mourir** et **rester** se conjuguent avec l'auxiliaire **être**.

- Quelques verbes se conjuguent avec l'auxiliaire **avoir ou** avec l'auxiliaire **être**.

  *Ils **ont** descendu*   ou   *Ils **sont** descendus*

Le verbe être

INDICATIF		
Présent	**Imparfait**	**Futur simple**
Je suis	J'étais	Je serai
Tu es	Tu étais	Tu seras
Il / elle est	Il / elle était	Il / elle sera
Nous sommes	Nous étions	Nous serons
Vous êtes	Vous étiez	Vous serez
Ils / elles sont	Ils / elles étaient	Ils / elles seront
Passé composé	**Passé simple**	**Conditionnel présent**
J'ai été		Je serais
Tu as été		Tu serais
Il / elle a été	Il / elle fut	Il / elle serait
Nous avons été		Nous serions
Vous avez été		Vous seriez
Ils / elles ont été	Ils / elles furent	Ils / elles seraient

IMPÉRATIF	SUBJONCTIF	PARTICIPE	
Présent	**Présent**	**Présent**	**Passé**
	Que je sois	Étant	Été
Sois	Que tu sois		
	Qu'il / elle soit		
Soyons	Que nous soyons		
Soyez	Que vous soyez		
	Qu'ils / elles soient		

Le verbe avoir

INDICATIF		
Présent	**Imparfait**	**Futur simple**
J'ai	J'avais	J'aurai
Tu as	Tu avais	Tu auras
Il / elle a	Il / elle avait	Il / elle aura
Nous avons	Nous avions	Nous aurons
Vous avez	Vous aviez	Vous aurez
Ils / elles ont	Ils / elles avaient	Ils / elles auront
Passé composé	**Passé simple**	**Conditionnel présent**
J'ai eu		J'aurais
Tu as eu		Tu aurais
Il / elle a eu	Il / elle eut	Il / elle aurait
Nous avons eu		Nous aurions
Vous avez eu		Vous auriez
Ils / elles ont eu	Ils / elles eurent	Ils / elles auraient

IMPÉRATIF	SUBJONCTIF	PARTICIPE	
Présent	**Présent**	**Présent**	**Passé**
	Que j'aie	Ayant	Eu
Aie	Que tu aies		Eue
	Qu'il / elle ait		Eus
Ayons	Que nous ayons		Eues
Ayez	Que vous ayez		
	Qu'ils / elles aient		

Les outils scientifiques pour prévoir les catastrophes

Comme toute science, la météorologie repose sur l'observation des faits. Aujourd'hui, les scientifiques disposent d'instruments qui collectent des mesures précises à des milliers d'endroits.

Les radars Doppler Le réseau de radars Doppler compte une trentaine de radars au Canada. Ces instruments calculent avec précision la vitesse des vents et ils permettent de prévoir avec plus d'exactitude les tornades, les orages violents et les précipitations abondantes ou verglaçantes. On peut ainsi prévenir la population des dangers qui la menacent et mettre en œuvre des plans d'urgence pour réduire au minimum les pertes humaines et économiques.

Les satellites géostationnaires Un satellite géostationnaire est un appareil qui survole toujours le même point de la Terre, car il tourne à la même vitesse qu'elle. Plusieurs pays ont mis en orbite de tels satellites, à 36 000 km d'altitude. Les satellites de météorologie surveillent les nuages et transmettent des images des systèmes météorologiques.

Les superordinateurs Les données météorologiques transmises par les satellites sont traitées par des ordinateurs très puissants qui font des calculs selon des modèles de prédiction des composantes atmosphériques. Malheureusement, les phénomènes météorologiques sont à la fois complexes et capricieux. C'est pourquoi la plupart des scientifiques croient qu'il sera toujours impossible de prévoir le temps à long terme, malgré le raffinement des instruments.

Les inondations

Il est difficile pour les hydrologues et les météorologues de prévoir les grandes inondations, comme celles qui ont entraîné la mort de 4000 personnes en Chine en 1999. Les débordements de fleuves et de rivières sont tout aussi imprévisibles.

Le Centre d'expertise hydrique du Québec (CEHQ) gère les lacs-réservoirs du domaine public. Depuis les événements catastrophiques de juillet 1996, au Saguenay, le Centre émet des prévisions de niveau et de débit pour certains bassins sous surveillance.

Les sécheresses

Les scientifiques ne peuvent prévoir les sécheresses que quelques semaines à l'avance. D'après les relevés historiques, des précipitations insuffisantes et des températures anormalement élevées peuvent durer de quelques semaines à plusieurs décennies. On s'inquiète aujourd'hui du dérèglement de l'effet de serre qui pourrait avoir de graves conséquences sur toute la planète.

Les éruptions volcaniques

Les vulcanologues font des études statistiques de la géologie des volcans pour prévoir à long terme les éruptions volcaniques. Ils tiennent compte de la fréquence des éruptions passées, du type de volcan, de l'âge et de la distribution des anciens dépôts. Si ces prévisions restent peu précises, les prévisions à court terme — de quelques jours à quelques semaines — le sont heureusement davantage.

À l'aide de sismographes, les vulcanologues peuvent parfois prédire une éruption volcanique par la fréquence des minisecousses. En 1991, avant l'éruption du Pinatubo, aux Philippines, les vulcanologues ont pu faire évacuer 300 000 personnes, évitant ainsi un terrible désastre.

LES FIGURINES DU ZERNAT

Le roman

Bien qu'on écrive des œuvres narratives depuis l'Antiquité, le mot *roman* n'a été inventé qu'au Moyen Âge. C'est en effet au 12ᵉ siècle, en France, que des écrivains se sont mis à écrire non plus en latin, mais dans la langue populaire, la *langue romane*. Ces livres, d'abord écrits en vers, ont été de plus en plus rédigés en prose à partir du 13ᵉ siècle.

Aujourd'hui, on définit le roman comme un genre narratif écrit en prose qui raconte une histoire imaginaire. Le roman a pour principal objectif de divertir, non d'instruire. Avec les siècles, le roman a évolué et s'est divisé en plusieurs

Dans ce texte, tu trouveras une description des différents genres romanesques. Lis-le pour savoir quels types de romans te plaisent.

genres différents. Voyons-en quelques-uns.

LE ROMAN D'AVENTURES

Genre quasi intemporel, le roman d'aventures tirerait sa lointaine origine des épopées de la Grèce antique, lesquelles mettaient souvent au premier plan une histoire d'amour. Au Moyen Âge, le roman d'aventures ressemble plutôt à une chronique qui raconte des suites d'événements qui s'enchaînent sans avoir nécessairement de rapports entre eux. À partir du 19ᵉ siècle, en France, en Grande-Bretagne et aux États-Unis, le roman d'aventures se transforme en une assez longue histoire centrée sur un sujet unique et traitée avec rigueur. Parmi les romans les plus célèbres de l'époque, mentionnons *L'île au trésor* de Robert Louis Stevenson, *Le comte de Monte-Cristo* d'Alexandre Dumas et *Le dernier des Mohicans* de James Fenimore Cooper.

L'objectif premier de ce type de roman est de raconter les aventures de héros ou d'héroïnes qui arrivent à surmonter tous les obstacles s'opposant à leur quête. Au fil des péripéties, ils mettent en scène les passions humaines et font vivre aux lecteurs toutes sortes d'émotions et de sensations fortes. Face aux pirates, aux brigands, à la guerre et aux éléments naturels, les lecteurs, qui s'identifient aisément aux héros, s'attendent au pire, car la mort peut survenir à tout moment. Mais les héros finissent toujours par triompher de l'adversité. C'est la règle du genre !

LE ROMAN HISTORIQUE

Le roman historique existe depuis très longtemps, mais ce n'est qu'en 1814, avec la parution de *Waverley* de l'écrivain écossais Walter Scott, qu'il a été officiellement reconnu en tant que genre littéraire. Si celui-ci perdit de sa popularité vers la fin du 19ᵉ siècle, il connaît un immense succès depuis les années 1980, et plusieurs romans historiques occupent aujourd'hui les premières places parmi les succès de librairie.

À partir d'une époque généralement assez lointaine, d'un personnage ou d'un fait historiques, les auteurs de ces romans écrivent des récits plus ou moins fictifs en s'efforçant de refléter le plus possible les réalités et les mentalités de l'époque. Certains s'en tiennent de façon stricte aux faits rapportés par les historiens en mettant en scène des personnages qui ont vraiment existé. D'autres préfèrent une forme plus libre où les héros sont créés à partir de plusieurs personnages historiques ou inventés de toutes pièces.

Souvent passionnants, les romans historiques satisfont un désir d'évasion en plus de procurer d'intéressantes informations sur le contexte particulier de diverses époques. On trouve, parmi les plus célèbres, *Les trois mousquetaires* d'Alexandre Dumas, *Notre-Dame de Paris* de Victor Hugo et *Ivanhoé* de Walter Scott.

LE ROMAN FANTASTIQUE OU LE ROMAN NOIR

Le roman noir apparaît au 18e siècle avec *Le château d'Otrante* de l'Anglais Horace Walpole (1764). Cependant, on considère Edgar Allan Poe, célèbre auteur américain du 19e siècle, comme le fondateur du roman fantastique moderne.

Le roman fantastique est un récit de terreur qui ouvre toutes grandes les portes sur l'étrange. Ainsi se produit dans un univers familier, le nôtre, un événement surnaturel ou monstrueux qui ne peut s'expliquer par les lois de ce monde. Dès lors, l'incertitude s'installe chez les lecteurs : l'événement inexplicable est-il pure fiction ou réalité ?

Ayant épuisé toute explication logique, les lecteurs sont confrontés à « autre chose ». Des événements étranges, qui défient toutes les lois de la nature, échappent à notre entendement et tout devient possible : des morts reviennent à la vie, des personnages se dédoublent, de tranquilles fillettes deviennent possédées du démon, etc. Tandis que le récit fantastique traditionnel met en scène des êtres terrifiants comme des fantômes, des vampires ou des monstres, le récit fantastique contemporain mise surtout sur le monde intérieur : la folie, les hallucinations, la possession, etc.

LE ROMAN POLICIER

Un meurtre vient d'être commis. Qui donc est coupable du crime ?
Et quels sont les motifs du crime ? Comment le désordre fera-t-il place
à l'ordre ? Habituellement, dans les romans policiers, des détectives
talentueux entreprennent un minutieux travail d'observation sur les
lieux du crime, travail au terme duquel ils amènent les plus brillants
criminels à se démasquer. Et ce qui est admirable, c'est que ces fins
détectives ne travaillent que pour faire triompher la vérité et la justice.

Selon plusieurs spécialistes, Edgar Allan Poe et Émile Gaboriau se-
raient les fondateurs du roman policier avec, respectivement, *Double
assassinat dans la rue Morgue* (1843) et *L'affaire Lerouge* (1863).
Ce genre comporte des dizaines de milliers de titres écrits surtout en
anglais, en anglo-américain et en français jusqu'aux années 1940,
puis dans quantité d'autres langues par la suite.

Au tout début, le roman policier était considéré au pire comme de
la mauvaise littérature, au mieux comme un simple jeu d'observation
et de déduction. En l'espace de quelques années, pourtant, le policier
deviendra un genre littéraire des plus respectables qui connaîtra son
âge d'or dans la première moitié du 20e siècle. Conan Doyle (avec
le personnage de Sherlock Holmes),
Simenon (avec Maigret), Agatha
Christie (avec Hercule Poirot
et Miss Marple) et
Maurice Leblanc
(avec Arsène
Lupin) rempor-
teront tous
un immense
succès.

LE ROMAN DE SCIENCE-FICTION

Dans la tradition des récits de voyages imaginaires et des créations d'utopies des Grecs de l'Antiquité, Jules Verne, dans la deuxième partie du 19e siècle, faisait naître un genre nouveau : le roman scientifique d'anticipation. L'Anglais H.G. Wells suivit bientôt ses traces. Tous deux désiraient que les lecteurs s'interrogent sur les progrès de la science et leurs conséquences pour l'humanité. Depuis ces précurseurs, il semble bien en effet que les vagues de popularité de la science-fiction correspondent à des moments de brusques progrès scientifiques : ceux de l'âge atomique, de la conquête spatiale, de l'essor du génie génétique, etc.

Le terme anglais *science fiction*, inventé par l'Américain Hugo Gernsback, désigne en fait une «fiction scientifique». Ce genre littéraire est né vers 1900 dans des magazines bon marché des États-Unis, les *pulps*, qu'on appelait ainsi à cause de leur vilain papier.

Dans les romans de science-fiction, les personnages, l'univers technique et les structures sociales sont de pures inventions des auteurs. Ils doivent par conséquent assurer la cohérence de leur monde jusque dans les moindres détails, car ils ne peuvent pas vraiment s'appuyer sur la réalité pour se guider. Cependant, le fait d'imaginer un futur lointain ou un univers extraterrestre conduit bien souvent les auteurs de science-fiction à porter un jugement de valeur sur notre propre monde, ce qui éveille grandement l'imagination des lecteurs.

En fait, la science-fiction est une littérature d'idées qui exploite quatre grands thèmes : l'espace (qui va de notre planète aux empires galactiques les plus lointains), le temps (de la préhistoire jusqu'à une éventuelle fin du monde), les êtres inconnus (extraterrestres, robots, monstres, mutants) et la société (nouvelles lois, nouvelles valeurs, nouvelles techniques...).

LE ROMAN D'AMOUR

Si le roman d'amour ne fait pas l'objet d'autant d'études que les autres genres romanesques, il n'en occupe pas moins une place des plus importantes dans l'industrie du livre. Ses origines remontent bien sûr aux grandes œuvres de l'Antiquité, et le thème très prisé de l'amour se trouve traité dans presque tous les genres littéraires. Aujourd'hui, on méprise parfois ce type de roman parce qu'il est souvent associé à des collections de piètre qualité, mais certaines des plus grandes œuvres de l'humanité sont pourtant des romans d'amour : *Daphnis et Chloé*, une œuvre de l'Antiquité, *Tristan et Iseut*, une légende du Moyen Âge.

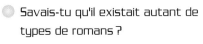

- Savais-tu qu'il existait autant de types de romans ?

- Quel genre romanesque aimerais-tu explorer ?

français

Marcel Aymé

Marcel Aymé est né en France, en 1902. Il s'est installé à Paris en 1923, sans un sou en poche. Il a été ouvrier, employé de banque, puis journaliste pendant une très courte période cependant, car on trouvait qu'il ne savait pas écrire. Il a publié des romans, des contes et des pièces de théâtre, mais son œuvre la plus connue est un recueil de nouvelles : *Le passe-muraille*.

Marcel Aymé est un auteur qui se moque de la logique du temps et de l'espace pour emporter les lecteurs dans un monde où le fantastique et le merveilleux bouleversent la vie quotidienne. Dans *Le passe-muraille*, par exemple, un employé découvre qu'il a le pouvoir de traverser les murs et il n'hésite pas à se servir de ce don pour terroriser les gens qui l'embêtent...

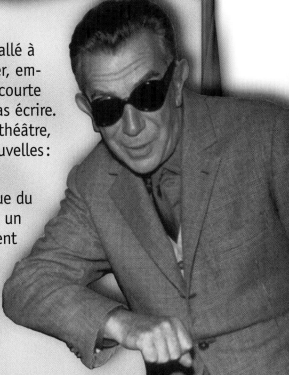

Des auteures
Michèle Marineau

Voici comment quatre auteures connues en sont arrivées à faire leur métier. Relève les qualités qui leur ont permis d'y arriver.

Petite fille, Michèle Marineau rêvait de devenir écrivaine. Vers l'âge de 10 ans, elle écrit un petit roman policier qu'elle ose montrer à son enseignant. Mais, malgré les encouragements, elle ne persévère pas. Adulte, elle devient correctrice et traductrice, et elle se rapproche peu à peu du monde de l'édition. Son rêve d'écrire prend de plus en plus de place. Après la naissance de ses enfants, elle décide de passer à l'acte. Elle écrit un premier roman, *Cassiopée – L'été polonais*, qui remporte le Prix du gouverneur général. Sa carrière est aussitôt lancée.

Michèle Marineau sait bien qu'il n'y a pas qu'une seule source d'inspiration. Les thèmes qui lui viennent à l'esprit peuvent naître d'une image, d'un mot, d'une nouvelle lue dans le journal ou d'un rêve, comme ce fut le cas pour *La route de Chlifa*. Une nuit, elle rêve qu'elle a 12 ans et qu'elle marche dans une ville en ruine en portant un bébé dans ses bras. À son réveil, elle note le tout sur un bout de papier et écrit alors son roman le plus célèbre, un roman qui allait lui valoir un deuxième Prix du gouverneur général, le prix Alvine-Bélisle et le prix 12/17 Brive/Montréal.

Michèle Marineau écrit des romans d'amour, des romans policiers et des romans de guerre. Mais cette apparente diversité est trompeuse, car l'auteure parvient toujours à donner à ses ouvrages un ton bien personnel qui allie l'action, l'émotion et la réflexion. La seule règle qu'elle s'impose dans sa création : que ses lecteurs aient autant de plaisir à lire ses romans qu'elle en a à les écrire.

Jasmine Dubé

Jasmine Dubé est née en 1957 à Amqui, en Gaspésie. À la fin de l'adolescence, elle entreprend des études à l'École nationale de théâtre de Montréal. En 1978, tout en poursuivant sa carrière de comédienne et de metteure en scène, elle décide de prendre la plume. Après avoir assisté à plusieurs spectacles pour enfants, elle s'étonne du contenu trop léger qu'on propose aux jeunes. Bien convaincue qu'on peut parler de tout aux enfants, elle décide d'écrire du théâtre à leur intention. Dans ses pièces, elle n'hésite pas à aborder des thèmes peu conventionnels, la mort ou les agressions sexuelles par exemple.

Depuis le début de sa carrière, Jasmine Dubé écrit sur des thèmes précis qui reflètent une vision très personnelle de la vie. Elle s'inspire de petits événements du quotidien. Son univers romanesque, comme son univers théâtral, est profondément marqué par l'imaginaire et la poésie. Pour elle, il est très important de donner aux histoires un ton et des repères susceptibles de charmer autant les enfants que les adultes qui les accompagnent dans leur lecture. Dans ses créations, tous les personnages sont traités sur un même pied, et tous sont confrontés à leurs vérités et à leurs erreurs.

Sa série *Nazaire* est construite autour de l'attente d'un petit frère. Les cinq volumes de la série relatent les questions et les rêves de Nazaire parallèlement à la grossesse de sa mère. Jasmine Dubé a reçu en 1998 le prix Arthur-Buies pour l'ensemble de son œuvre. Et bon nombre de ses productions théâtrales sont jouées dans plusieurs pays, dont les États-Unis et la France.

Dominique Demers

Contrairement à plusieurs autres écrivains, Dominique Demers n'a pas toujours voulu faire ce métier. Son rêve était de devenir journaliste, et elle l'a réalisé en travaillant pour la revue *Vidéo-Presse* en 1979. Elle écrit alors ses premiers contes pour enfants et des reportages sur des sports à sensations fortes comme le parachutisme. Plus tard, elle unit ses passions pour la littérature et le journalisme en devenant critique littéraire. Son excellence lui vaut plusieurs récompenses prestigieuses, dont le prix Judith-Jasmin en 1987.

Parallèlement à son métier de journaliste, Dominique Demers poursuit ses études universitaires en s'intéressant à la littérature jeunesse, et plus particulièrement à la vision du monde que celle-ci véhicule. Elle obtient d'ailleurs un doctorat de l'Université de Sherbrooke en traitant ce sujet. Puis, à force de s'intéresser aux textes des autres, Dominique Demers écrit en 1991 *Valentine Picotée*, un roman qui obtient immédiatement la faveur du public. Depuis ce jour, elle a écrit plus de vingt romans.

Comme la plupart d'entre nous, Dominique Demers a longtemps cru que les écrivains étaient des gens différents des autres et que l'inspiration était une sorte d'état de grâce qui venait les frapper soudainement. Un jour, son fils Alexis est tombé amoureux... à l'âge de 6 ans! Cette situation lui a inspiré son premier roman. Elle a alors compris que l'inspiration peut venir de partout et qu'on n'a qu'à la saisir. Selon elle, le vrai travail de l'écrivain est de pouvoir développer des histoires à partir de toutes les choses qui lui traversent l'esprit. Et le truc pour y parvenir, c'est d'écrire et de lire le plus souvent possible.

La carrière de Dominique Demers a été marquée par de nombreux succès autant auprès des enfants que des adultes, et plusieurs de ces succès lui ont valu des honneurs prestigieux. Par exemple, elle a remporté le prix M. Christie à quatre reprises, en 1993, 1994, 1998 et 2001, le prix Québec/Wallonie-Bruxelles en 1995, la Palme de la Livromagie 6-12 ans en 1996 et le Signet d'or en 1994.

Preuve de ces succès, son personnage de Mademoiselle Charlotte est passé au grand écran quand Dominique Demers a réuni les deux premières aventures de son héroïne préférée pour écrire un premier scénario. Lancé en 2002, le film *La mystérieuse mademoiselle C.* a obtenu lui aussi un énorme succès. Précédemment, sa trilogie pour adolescents qui comprenait les romans *Un hiver de tourmente*, *Les grands sapins ne meurent pas* et *Ils dansent dans la tempête* avait aussi été adaptée pour le cinéma.

Le grand intérêt que porte Dominique Demers à la littérature en général et à la littérature jeunesse en particulier ne se reflète pas seulement dans ses études et dans son abondante production. L'auteure, originaire de Hawkesbury en Ontario, s'engage aussi socialement en participant à des campagnes de valorisation de la lecture dans les milieux défavorisés. Pour elle, les livres sont des billets d'avion qui permettent aux lecteurs de voyager dans l'espace et le temps. C'est pourquoi elle désire partager ce plaisir avec le plus grand nombre de personnes possible, surtout avec celles qui n'y ont pas facilement accès.

Chrystine Brouillet

Chrystine Brouillet est née en 1958. À l'âge de 12 ans, elle tombe amoureuse de son professeur de français et lui promet de devenir écrivaine. La promesse est tenue en 1982 quand paraît son premier roman, *Chère voisine*, qu'elle dédie d'ailleurs à cet ancien professeur. Depuis ce jour, Chrystine Brouillet n'a pas cessé d'écrire, autant des livres pour les adultes que pour les jeunes, plus de trente-cinq titres jusqu'à maintenant. Plusieurs de ses romans jeunesse ont été adaptés pour la télévision.

Quand elle était petite, Chrystine Brouillet adorait les romans policiers. Influencée par ses lectures de jeunesse, l'auteure aime inventer des histoires policières remplies d'intrigues originales et de détectives audacieux. Elle aime particulièrement mettre en action des apprentis détectives, comme Natasha et Pierre dans *Une nuit très longue*, *Un jeu dangereux* et *Une plage trop chaude*. Armés d'imagination et d'intelligence, ces jeunes héros arrivent toujours à résoudre les énigmes auxquelles ils doivent faire face.

Cette auteure originaire de Québec puise son inspiration autant dans l'actualité que dans le quotidien de son entourage. Les thèmes qu'elle développe sont souvent reliés à l'air du temps, ce qui donne à ses lecteurs l'impression de vivre des réalités très familières.

Chrystine Brouillet a reçu plusieurs récompenses au fil de sa carrière, dont le prix Alvine-Bélisle (meilleur livre jeunesse) en 1985 pour *Le complot*, la première place au palmarès des clubs de lecture de la Livromanie en 1991 pour *Un jeu dangereux* et le Signet d'or (auteur préféré des jeunes) en 1993 et en 1994. De plus, en 1997, les autorités de Loretteville lui ont fait l'honneur de donner son nom à la bibliothèque municipale.

- As-tu envie de lire un roman d'une de ces auteures ? Lequel ?
- Et toi, est-ce que tu aimerais écrire un roman ? Explique.

Un enfant a dit

Un enfant a dit
je sais des poèmes
un enfant a dit
chsais des poaisies

un enfant a dit
mon cœur est plein d'elles
un enfant a dit
par cœur ça suffit

un enfant a dit
ils en sav' des choses
un enfant a dit
et tout par écrit

Si lpoète pouvait
s'enfuir à tir-d'aile
les enfants voudraient
partir avec lui

Raymond QUENEAU

(*Les Ziaux*, dans *L'Instant fatal*, © Éditions Gallimard, 1946)

Rue Deschambault

Gabrielle Roy

Ma mère, un soir, vint me trouver dans cette pièce basse de plafond d'où je ne descendais plus, fascinée par les mille bruits de la nuit que j'apprenais à distinguer les uns des autres, fascinée, à ne plus rien oser, par l'ampleur, le mystère de la tâche que je m'étais donnée, ou que j'avais acceptée. Le chant des étangs faiblissait; à présent, détachées les unes des autres, les petites voix se cherchaient, avaient l'air de se répondre, ou de se séparer, peut-être...

Maman me dit :

— Pourquoi t'enfermes-tu toujours ici? Ce n'est pas de ton âge.
  Va jouer au tennis ou rejoindre tes amies. Te voilà toute pâle.
  C'est pourtant maintenant le plus beau temps de ta vie. Pourquoi
  n'en profites-tu pas mieux?

Alors j'ai gravement annoncé à maman ce qu'il en était: que je devais écrire... Et est-ce qu'il ne fallait pas pour cela venir au grenier, écouter longtemps, longtemps, les voix qui se croisent... et tant de choses qu'il faut démêler?

Maman eut l'air tracassée. C'était pourtant sa faute si j'aimais mieux la fiction que les jours quotidiens. Elle m'avait enseigné le pouvoir des images, la merveille d'une chose révélée par un mot juste et tout l'amour que peut contenir une simple et belle phrase.

— Écrire, me dit-elle tristement, c'est dur. Ce doit être ce qu'il
  y a de plus exigeant au monde... pour que ce soit vrai, tu comprends! N'est-ce pas se partager en deux, pour ainsi dire :
  un qui tâche de vivre, l'autre qui regarde, qui juge...

Elle me dit encore :

— D'abord, il faut le don ; si on ne l'a pas, c'est un crève-cœur,
mais, si on l'a, c'est peut-être également terrible… Car on dit
le don, mais peut-être faudrait-il dire : le commandement.
Et c'est un don bien étrange, continua maman, pas tout à fait
humain. Je pense que les autres ne le pardonnent jamais.
Ce don, c'est un peu comme une malchance qui éloigne
les autres, qui nous sépare de presque tous…

Comment maman pouvait-elle dire si juste ? À mesure qu'elle parlait,
ce qu'elle disait je le sentais vrai, et déjà comme enduré.

Maman avait les yeux au loin, et elle était si attentive à me bien
protéger, à me défendre, qu'ils se remplirent de chagrin.

— Écrire, me dit-elle, est-ce que ce n'est pas en définitive être loin
des autres… être toute seule, pauvre enfant !

Les grenouilles reprirent, après un peu de pluie, leur chant d'ennui
si prenant. Je pense qu'on doit s'ennuyer longtemps d'avance du
long chemin à faire, du visage définitif que nous donnera la vie.
La curiosité de nous connaître, peut-être est-ce là ce qui nous tire
le mieux en avant…

— Les mots parfois arrivent aussi à être vrais, ai-je dit à maman.
Et sans les mots, y aurait-il une seule vérité dont on puisse dire :
c'est ainsi, c'est vrai !

Alors maman a eu un geste si désolé, si impuissant. Elle a dit en
s'en allant :

— L'avenir est une chose terrible. C'est toujours un peu
une défaite.

Elle m'a laissée à la nuit, au grenier solitaire, à l'immense tristesse
du pays noir.

Mais j'espérais encore que je pourrais tout avoir : et la vie
chaude et vraie comme un abri — intolérable aussi parfois de
vérité dure — et aussi le temps de capter son retentissement
au fond de l'âme ; le temps de marcher et le temps de m'arrêter pour comprendre ; le temps de m'isoler un peu sur la
route et puis de rattraper les autres, de les rejoindre et de
crier, joyeusement : « Me voici, et voici ce que j'ai trouvé
en route pour vous !… M'avez-vous attendue ?… Ne
m'attendez-vous pas ?… Oh ! attendez-moi donc !… »

(Extrait de *Rue Deschambault*, © Fonds Gabrielle Roy)

Le goût d'écrire

Gilles VIGNEAULT

Le plus bel héritage que m'a laissé mon père, le plus tangible, le plus concret, c'est une lettre qu'il m'a écrite quand j'étais au séminaire de Rimouski, il y a plus de quarante ans. Il ne m'écrivait pas souvent. Il m'avait dit déjà en riant qu'il avait terminé son « cours classique »... à lui, en quatrième année de la petite école à Natashquan. Mais ma mère avait été maîtresse d'école avant de se marier. Elle enseignait dans la Beauce. Elle lui avait donc enseigné le français. Un peu sans lui dire : il était très fier... et il lisait très bien et écrivait aussi en prenant le temps qu'il fallait. Sa lettre était vraiment de lui et je la garde comme un trésor. Il me recommandait, on s'en doute, de bien étudier pour profiter de la chance qui m'était donnée... Lui à mon âge d'alors était à la pêche avec son grand-père.

Seule, cette lettre toute simple en apparence, mais au fond remplie de sagesse et d'une tendresse dont il n'a jamais su se départir, m'a souvent redonné le goût d'écrire. Je la relis souvent. Et quand je crois n'y plus rien découvrir, il me revient des lieux et des moments de souvenirs qui m'amènent chaque fois à une réflexion nouvelle. J'ai vraiment reçu sa lettre et je n'arrête pas d'y répondre... aujourd'hui.

Ma mère aura quatre-vingt-dix-huit ans le 29 février prochain. Et elle lit. Un peu, me direz-vous ? Non. Beaucoup. Et tous les jours. Et de tout. Journaux, revues, lettres, mais des livres surtout. Un cadeau à lui faire ? Je n'ai jamais à chercher longtemps. Pas : Un livre. Des livres : une semaine après, elle les a lus. Ma sœur me le dit au téléphone : « Tes livres, Gilles, il y a longtemps qu'ils sont lus. » Je sais ce que ça veut dire. Et tout l'intéresse. Et quand je retourne à Natashquan, nous jouons au Scrabble... C'est dire de qui je peux retenir ma passion pour les mots. Et ma mère expédie et reçoit un courrier ! En France, et partout ! Avec un souci de la belle phrase... Elle écrit encore de temps en temps, des cartes. Et s'excuse... que sa main tremble un peu... elle qui avait cette merveilleuse calligraphie des Sœurs françaises, au temps du couvent. Et moi, je prétends que ma mère nous aurait laissés il y a longtemps, si elle n'avait rien eu à lire et à écrire.

Les mots sont des grains de nourriture pour l'esprit... Et c'est l'esprit qui donne au corps le sens de la vie et l'envie de vivre... Tant que l'esprit est en alerte... en mouvement, le corps garde plus facilement le goût de le suivre. Vous avez droit à la parole. Vous avez droit aux mots. Vous avez droit aux livres. Vous avez des droits sur l'univers de lire et d'écrire. Vous avez le droit de savoir ce que pensent ceux qui écrivent... Et vous avez le droit de dire et d'écrire ce que vous pensez. Prenez ces droits. On a omis de vous les dire ? Vous avez omis de les prendre ? Réparons ensemble cette erreur ! Ça me fait penser à un grenier dont un enfant aurait entendu parler, au troisième étage d'une maison, mais dont on ne trouverait pas la clef, ou... la permission d'aller voir. Le grenier est bourré de lettres et de photographies, de vieux costumes, d'anciens outils, de jouets d'autrefois et de tout un monde. Un jour qu'il a vingt ans, quelqu'un le lui rappelle, et l'invite à hériter la maison... avec toutes les clefs ! Mettez-vous à sa place, ce grenier existe et il est plein de choses vieilles et de choses neuves et quelqu'un vient de vous offrir la clef...! Prenez-la ! Vous aurez la belle surprise de vous trouver vous-même...! Ce grenier-là est plein de vieux miroirs. Vous y verrez mieux que dans les autres. Et vous m'écrirez. Et je continuerai de vous répondre... Et vous tiendrez journal de bord de l'aventure. Car c'en est une. N'en doutez pas. Et la plus éton-nante, vous verrez ! Rien n'est plus ailleurs... que l'intérieur.

(*Le bois de marée*, © Nouvelles Éditions de l'Arc, 1992)

Un rendez-vous manqué

Claude MORIN

Dans le taxi qui la conduit à Montréal, une jeune journaliste belge est perdue dans ses pensées. Pourquoi Jacques, son ami québécois, n'est-il pas venu la chercher à l'aéroport tel que prévu ?

Elle sonne à la porte de Jacques. Pas de réponse ! Elle décide alors de se rendre à l'Université du Québec à Montréal pour y rencontrer le professeur Aubert, l'oncle de Jacques, qui pourra lui donner des explications.

Mireille marche dans les couloirs sombres de l'université et la fatigue du décalage horaire se fait lourdement sentir. Avant de frapper à la porte du professeur, elle s'arrête quelques instants pour rassembler ses idées.

Au fond d'un ravin

À des milliers de kilomètres de là, en Roumanie, un jeune homme reprend conscience, couché au milieu d'un amas de ferraille au fond d'un ravin. Il se sent envahi par un froid qui lui glace le sang. Il se lève lentement, respirant avec difficulté, titube, puis retombe aussitôt dans l'inconscience.

Moldo, le chauffeur du camion accidenté, recouvre le jeune homme de son manteau, puis il grimpe aux parois abruptes qui le mènent à la route. Pour cet homme superstitieux, avoir un accident avec un inconnu à bord est de sinistre augure. Et il sait que ce petit chemin de montagne est peu fréquenté. Il devra probablement marcher jusqu'au prochain village, qui se trouve à 20 kilomètres au moins. Tout en marchant, il pense à l'homme blessé au fond du ravin et à qui il faudra rapidement porter secours, car la nuit s'annonce glaciale.

166, carré Saint-Louis

Le professeur regarde Mireille avec étonnement.

« Qu'est-ce que tu fais ici ? Jacques devait te rejoindre en Belgique...

— Me rejoindre en Belgique ? Mais que me racontez-vous là ? dit Mireille, qui ne comprend rien.

— J'imagine qu'il n'a pas réussi à te parler avant son départ pour Bruxelles », ajoute le professeur, l'air inquiet.

Après un moment d'hésitation, l'oncle se met à raconter des bribes d'une histoire bien confuse où il est question de documents anciens, de mystérieux contacts en Belgique et de vampires. Avant que les choses s'embrouillent davantage, Mireille, qui somnole déjà, accepte les clefs de l'appartement de Jacques que le professeur lui remet, puis elle quitte l'université.

Sur la rue Saint-Denis, elle respire profondément l'air chargé de pluie fine et monte vers le nord. Bientôt, elle retrouve le 166, carré Saint-Louis. Elle tourne la clef, pousse la porte et entre dans l'appartement sombre. Sur la table de la cuisine, elle aperçoit un message écrit en grosses lettres : « Bienvenue chez moi. Appuie sur la touche *Play* du répondeur. »

Qui suis-je ?

Il se réveille dans un lit d'hôpital avec un mal de tête effroyable. Il fixe le mur devant lui, sans rien distinguer. Tournant la tête avec difficulté, il aperçoit une infirmière qui lui pose des questions en roumain. Avec un aimable sourire, la jeune femme repose ses questions en allemand, en anglais, puis en français avec un léger accent. Elle lui demande qui il est, d'où il vient. Il ne sait pas. Il bredouille quelques mots sans cohérence, complètement hagard.

Sur les lieux de l'accident, on l'a trouvé sans papiers. À la recherche d'informations sur cet homme, un policier a interrogé Moldo, le chauffeur. Mais il ne savait pas grand-chose. Selon lui, le jeune voyageur arrivait de Snagov, car il disait y avoir visité la tombe de Vlad Dracul, dit Dracula. « Encore un illuminé ! » a pensé l'officier en prenant la déposition.

Sur la piste de Vlad Dracul

Mireille appuie sur la touche et entend enfin la voix de son ami.

«Chère Mireille, si tu écoutes ce message, c'est que tu n'auras pas reçu celui que je t'ai laissé sur ton répondeur avant de partir. Comme tu le sais, les vampires sont le sujet central de mon prochain roman et je viens de faire d'étonnantes découvertes sur le sujet. Je suis sur la piste de Vlad Dracul, le vrai Dracula du 15e siècle. Un monsieur Lartigues, libraire à Bruxelles, m'a appris qu'il avait en sa possession des dizaines de lettres du personnage. Je ne peux pas laisser passer une telle occasion. Je serai de retour à Montréal vendredi matin. BBBip...»

Mireille se lève pour arrêter le répondeur quand un autre message débute.

«Mireille, j'ai téléphoné à monsieur Lartigues. Il m'a raconté une drôle d'histoire de trafiquants de documents anciens. Il veut aller voir la police. Il a peur pour sa vie. Il a tout de même accepté de me faire lire les lettres de Vlad Dracul. J'ai rendez-vous avec lui dans un café à 16 heures. L'affaire me semble un peu dangereuse, mais cette idée de roman m'obsède. Je dois absolument lire ces lettres. À bientôt. BBBip...»

Mireille réécoute la bande à plusieurs reprises en réfléchissant à haute voix. Un trafic de documents anciens? Elle se rappelle tout à coup cette mystérieuse disparition d'un reporter parisien qui avait fait une enquête sur le sujet. Elle se dit qu'elle doit rentrer immédiatement à Bruxelles pour retrouver Jacques. Mais elle n'en a pas la force et s'endort sur le divan.

La mémoire en action

Il est minuit. Méconnaissable avec le vieil imperméable qu'il a volé au gardien, le jeune homme quitte l'hôpital en empruntant la sortie de secours. Il sait qu'il doit retourner sur les lieux de l'accident. Il espère que là-bas il pourra recouvrer la mémoire.

Un brouillard épais métamorphose le paysage en un étrange décor de film d'épouvante. L'homme marche pendant des heures sur la route déserte. Au petit matin, il trouve enfin l'endroit où le lourd véhicule a dérapé. Il descend les abruptes parois du ravin, dans une sorte d'état somnambulique, sans émotion. Sous des tôles froissées du camion, il trouve un sac à dos. Le sien. Presque vide. Mais un vieux sac de toile lui rappelle instantanément les événements tragiques qu'il a vécus à Bruxelles. Le cœur lui cogne dans la poitrine. Jacques sait qu'il ne peut plus rien pour le pauvre Lartigues, ni pour le curé de Snagov sans doute. Les lettres, on les a volées. Il doit quitter au plus tôt ce pays et sauver sa peau.

Montréal, Bruxelles, Paris

Un trafic de documents anciens, voilà de quoi exciter la fibre journalistique de Mireille. Mais pour l'heure, elle s'inquiète surtout du sort de Jacques. Sitôt arrivée à Bruxelles, elle se rend au domicile de monsieur Lartigues. La porte de son petit pavillon est entrouverte, et Mireille constate rapidement qu'on a fouillé son logis de fond en comble. Doit-elle appeler la police ? Elle sait qu'elle perdra ainsi un temps précieux. Il ne lui reste plus qu'une chance de sauver Jacques. C'est de découvrir ici, dans ces masses de papiers qui jonchent le sol, quelque indice qui la mettra sur la piste de son ami et des trafiquants qui sont sans doute à ses trousses. C'est à ses talents d'archiviste que la jeune femme doit maintenant faire appel. Elle ramasse quelques liasses de papiers, puis se met méthodiquement au travail.

Au milieu de la nuit, après une dizaine d'heures de recherches, Mireille croit enfin avoir trouvé. En recoupant les noms du carnet d'adresses de Lartigues, de l'association des bibliophiles et de sa correspondance, la jeune reporter établit une liste de cinq personnes suspectes, dont une certaine Judith Esmerraldian, de Paris, vers qui toutes les pistes semblent converger.

Après avoir fait un saut chez elle, Mireille prend le train pour Paris. À la gare, elle appelle un collègue du journal et lui demande d'entrer en contact avec la police.

Le ciel bleu argenté de la Ville lumière l'accueille au petit matin. Tout près de l'hôtel où elle s'inscrit, l'église Notre-Dame se dresse, tranquille gardienne d'une cité millénaire.

De l'hôpital à la prison

Il n'a fallu que quelques heures à la police pour retrouver Jacques, que son étrange accoutrement et sa méconnaissance de la langue roumaine rendaient des plus suspects dans tous les villages où il passait. L'assassinat du curé de Snagov et le vol des documents anciens de la paroisse avaient semé l'émoi dans tout le pays. Et la déclaration de Moldo à la police avait permis d'établir un lien direct entre les événements de Snagov et la visite récente d'un jeune étranger apparemment amnésique, qui avait quitté l'hôpital sans recevoir son congé.

Au commissariat de police, Jacques répète son histoire pour la dixième fois. «Il y a quelques jours, j'ai rencontré à Bruxelles un collectionneur de documents anciens, un monsieur Lartigues, qui m'a remis, à l'intention du curé de Snagov, plusieurs lettres de Vlad Dracul. L'homme, qui se savait menacé par un réseau de trafiquants de documents anciens dont il avait découvert l'existence, m'a également confié un testament olographe par lequel il léguait les lettres à la paroisse de Snagov s'il venait à disparaître. Lartigues a insisté pour que je me rende au plus tôt en Roumanie. Extrêmement nerveux, il m'a dit qu'il n'en avait plus pour très longtemps à vivre, car il savait beaucoup trop de choses sur les trafiquants et que la police ne pouvait le protéger. Tel que promis, j'ai pris l'avion pour Bucarest, puis je me suis rendu à Snagov. À mon arrivée à l'église, j'ai constaté que le presbytère avait été dévalisé. Trois hommes m'ont alors aperçu et se sont lancés à ma poursuite. J'ai réussi de justesse à leur échapper en courant dans un sous-bois, puis à travers champs. Sur un chemin de campagne, j'ai fait de l'auto-stop pour rentrer à Bucarest et Moldo, le camionneur, m'a fait monter.»

La suite, les policiers la connaissent : l'accident sur la route de montagne, provoqué au dire du camionneur par une manœuvre dangereuse d'une grosse Mercedes noire, comme celle que Jacques prétend avoir vue à l'église. Les lettres, si le jeune homme dit vrai, devaient avoir été volées sur les lieux mêmes de l'accident. On avait trouvé des traces de balles de fort calibre dans la carrosserie du camion.

Malgré tout, les policiers ont de la difficulté à croire à cette histoire de trafic de documents anciens. Et l'amnésie de Jacques, confirmée par l'hôpital, rend ses déclarations bien suspectes. Aussi se retrouve-t-il en prison le temps que l'on termine l'enquête.

Dans sa cellule, Jacques est en sécurité. Il se sent bien, d'autant plus qu'en recouvrant la mémoire il s'est réapproprié le contenu des fascinantes lettres de Vlad Dracul. Il prend maintenant plaisir à imaginer pour son roman des péripéties où se mêlent bien sûr poursuites, disparitions et emprisonnements. Dans son livre, les mauvais personnages n'auront pas le dernier mot!

LA FILIÈRE ROUMAINE

(A.P.E.) C'est à Paris, place des Vosges, qu'a été arrêtée Judith Esmerraldian, tête dirigeante d'une bande de trafiquants de documents anciens qui, selon l'enquête policière, aurait étendu son réseau partout en Europe et en Asie centrale. Mireille Stiévenart, une jeune journaliste belge, a mis à jour cette ténébreuse affaire qu'on appelle désormais « La filière roumaine ». À la place des Vosges, mais surtout dans des caves de Bucarest et de Sofia, les policiers ont trouvé des documents inestimables qui devaient être expédiés à de richissimes clients dans le monde entier : un exemplaire de la célèbre Bible à 42 lignes de Gutenberg, un livre de terre cuite du 3e millénaire avant Jésus-Christ, des mosaïques italiennes du 5e siècle, des psautiers du 6e siècle, des manuscrits byzantins étonnam-

Judith Esmerraldian, antiquaire bien connue de la place des Vosges. Son réseau de contrebande aurait des ramifications dans au moins 13 pays.

ment bien conservés et des centaines d'incunables qu'on croyait perdus depuis longtemps.

À la suite de ces révélations, Jacques est vite innocenté du meurtre du curé, et des dizaines de trafiquants dans toute l'Europe sont arrêtés. Les reportages de Mireille sont repris dans les journaux du monde entier.

Fin ?

Assis à une terrasse de la rue Saint-Denis, par un torride après-midi de juillet, Jacques et Mireille boivent tranquillement une limonade. Le roman de Jacques, *Les caves de Snagov*, connaît un grand succès. Les drames de l'automne dernier leur semblent déjà bien loin.

« Tu sais, Mireille, l'action de mon prochain livre se passera à l'Anse-aux-Meadows, à Terre-Neuve, près des ruines des Vikings... »

Après un court silence, Mireille lui dit : « Partons ensemble, cette fois. Cela t'évitera bien des problèmes ! »

Écrire

Écrire comme une fleur s'ouvre.
Comme ces solides dentelles d'argent
sur les rives moussues des rivières.
Avec des mots-lichens, fossiliser
la beauté calme des pierres.
Dans chaque interstice, glisser
l'étoile de la vie.

Paule DOYON

(*Éclats de paroles*, © Écrits des Forges,
Trois-Rivières (Québec), 1985)

Pièges sur la neige

Je tends des pièges sur la neige
pour capturer des mots
des mots chauds à fourrure
bêtes rousses et rares venues du soleil
égarées sur mes terres de mort
des mots chauds aux longs poils de rayons
je caresse frileux la peau des mots
je me revêts de leur pelage
et me dresse debout
sauvage et dur
parmi les poudreries du temps
mon œuvre autour de moi comme un manteau
un chaud manteau en peaux de mots

Pierre CHATILLON

(*L'arbre de mots*, © Écrits des Forges, Trois-Rivières (Québec), 1988)

Le château de livres

Armelle CHITRIT

Alice était fatiguée ce jour-là, mais elle décida tout de même d'aller acheter le livre que son enseignant lui avait demandé de lire : *Michel Strogoff*. Dehors, il pleuvait à seaux. Ce n'était pas très invitant. Quand elle arriva à la rue Jules-Verne, elle ne reconnut pas tout de suite la petite boutique qu'elle avait pourtant vue des dizaines de fois. Elle poussa la porte de la librairie Millefeuilles; un joli son de clochettes retentit. La vieille libraire, tout absorbée qu'elle était, lança un regard par-dessus ses lunettes.

« Est-ce que vous avez *Michel Strogoff* en livre de poche ? lui demanda Alice.

— Certainement. Cherchez plus loin, au fond à droite », lui répondit-elle en se replongeant immédiatement dans son bouquin.

Alice prit son courage à deux mains et s'élança entre les rayons. La boutique était comme un château hanté de noms de toutes sortes. Elle n'avait jamais vu autant de livres de sa vie. Il y en avait jusqu'au plafond ! Ils étaient blottis les uns contre les autres, chacun à sa place dans ce désordre apparent. « Verne, se dit-elle, c'est à la fin de l'alphabet. » Et elle continua : J, K... S, T, U, V... « J'y suis ! » pensa-t-elle. Elle s'approcha et ne vit que des livres de sciences. « Tiens, c'est bizarre ! Virologie. Qu'est-ce que c'est ? » Elle ouvrit le gros livre et de longs mots compliqués lui apparurent. Ce n'étaient sûrement pas des formules magiques ! « Je me suis trompée de rayon, se dit-elle. Mais où sont les romans ? » Une pancarte indiquait la section de théâtre. Tout Molière, tout Racine étaient là, avec leurs farces et leurs tragédies. Bientôt, la poésie : Éluard, Hébert, Nelligan... Et puis, un couloir immensément long pour les romans, rien que des romans !

« Comment ? Il y a tout cela à lire ! » Elle n'avait encore lu qu'une poignée de romans : ceux de la comtesse de Ségur et les livres de Victor Hugo que sa tante lui avait offerts à Noël. Une couverture insolite attira son attention. Le livre était lourd. Elle le feuilleta un moment. Elle avait déjà oublié ce qu'elle était venue chercher. L'heure du souper passa sans qu'elle s'en aperçût. Chapitre après chapitre, elle dévorait *Vingt mille lieues sous les mers*, assise en tailleur au beau milieu du couloir. C'est son ventre qui la tira de sa lecture lorsqu'il se mit à gargouiller. Se rendant compte que le temps avait filé, elle quitta le capitaine Nemo avec regret, trouva *Michel Strogoff* et se dirigea rapidement vers la caisse.

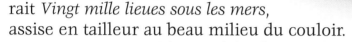

Mais la vieille dame avait quitté la librairie, laissant quelques lumières allumées pour mettre en valeur sa vitrine et pour décourager les voleurs. Et pas un passant dehors pour appeler un serrurier par ce temps de chien ! Serrant les poings, Alice se sentit soudainement désespérée. Elle tourna en rond un bon moment dans la boutique. Les livres autour d'elle commençaient à lui donner le vertige quand, soudain, elle aperçut une porte derrière, au bout de l'allée où étaient rangées les encyclopédies. Elle s'approcha, voulut ouvrir la porte pour trouver une autre sortie. Le loquet ne résista pas. La porte donnait sur un immense trou noir.

Il y eut un gros fracas. Alice trembla de peur en posant son pied gauche sur la première marche qui avait été taillée dans le roc. Pas le choix ! Après cette épreuve, elle trouverait sûrement la sortie. Elle se retourna pour faire face à ce qu'il restait de lumière et laissa échapper un cri en posant son pied sur la deuxième marche. Elle s'accrocha nerveusement à la rampe. La trappe d'où descendait une immense échelle avait sûrement été bricolée il y a des siècles, car elle était toute vermoulue.

Maintenant, elle ne pouvait plus rebrousser chemin. Elle résolut donc de descendre marche après marche dans l'obscurité. Dans cette grotte, la poussière cachait encore des milliers de livres. La lune ayant choisi d'en éclairer les parois, Alice découvrit tout un panneau de trésors antiques. La grotte s'illuminait au fur et à mesure qu'Alice s'approchait des volumes.

Il y avait là des parchemins qui avaient dû appartenir à Champlain ou à quelque mandarin d'un pays lointain. On y avait peint ici des idéogrammes, là des hiéroglyphes, plus loin encore des caractères cyrilliques, hébraïques ou arabes. L'un des parchemins était relié de velours rouge et devait avoir servi à quelque office religieux. Par quel sortilège une si petite librairie pouvait-elle dissimuler une aussi vaste cave et détenir une telle collection?

Alice se mit alors sérieusement en quête d'une sortie. Le long des murs précieux, les livres poussiéreux laissaient parfois tomber des billets doux: «Je vous attendrai demain sous le porche, à trois heures. Tenez-vous prête à quitter le pays. Votre Louis bien-aimé» ou «Allons voir, mignonne, si la rose... » Tout à coup, Alice aperçut au loin une vague silhouette qui jetait une faible lueur. Elle décida de la rejoindre, pensant qu'elle lui indiquerait peut-être la sortie. Plus elle avançait dans les rayons, plus les livres étaient anciens. Il y avait de gros livres écrits en latin, de vieux grimoires, des missels aux magnifiques enluminures, des manuscrits persans...

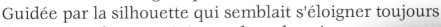

Guidée par la silhouette qui semblait s'éloigner toujours davantage, Alice se mit à marcher plus vite, à courir même, pendant très longtemps. Les rayons étaient maintenant remplis de rouleaux de parchemin et de papyrus. Elle arriva ensuite dans une magnifique salle à haute voûte où, émerveillée, elle aperçut des tablettes de bois sur lesquelles étaient gravés de curieux caractères, de gros blocs de pierre remplis d'hiéroglyphes et, sur les murs humides, de magnifiques dessins de mammouths et d'aurochs.

Fascinée, Alice contempla un bon moment toutes ces merveilles, puis elle trouva enfin une porte qui semblait donner sur la rue. Elle tourna les verrous en haut et en bas. La porte s'ouvrit sur un air frais qui la réconforta. Elle garda son *Michel Strogoff* sous le bras en se promettant de revenir le lendemain pour payer la commerçante et lui raconter son aventure. Alice courut sous la pluie pour rentrer chez elle, avec en tête cette caverne d'Ali Baba qui ne quittait plus ses pensées. Pourquoi les livres de la grotte obscure étaient-ils moins accessibles que les autres ? Parce que personne ne comprenait les langues dans lesquelles ils étaient écrits ?

La mère d'Alice, morte d'inquiétude, trouva son récit fort étrange. La libraire, lui avait-on dit, fermait sa boutique tous les mercredis soir, car elle donnait des cours de sanscrit. Épuisée par cette aventure, Alice se coucha plus tôt que d'habitude. Mais son imagination était encore bien vive.

Elle ouvrit son *Michel Strogoff* et une vieille carte postale en tomba. Qui l'avait mise là ? L'écriture « porte-plume » était celle d'une autre époque. Et le message disait : « Reviens nous voir au plus tôt. Nous avons encore tant de choses à nous dire, ma chère Alice ! »

Comment cette carte avait-elle bien pu se glisser dans son livre ? Elle s'endormit en se jurant de retourner dès le lendemain à cette mystérieuse librairie. Qu'allait-elle y trouver ?

PERSONNAGES À SUIVRE...

Certains auteurs aiment écrire plusieurs romans qui mettent en scène les mêmes personnages. Lis ce texte pour en connaître quelques-uns.

HERVÉ GAGNON ET THOMAS KIRKMAN-GAGNON

2 HEURES DU MATIN, RUE DE LA COMMUNE

COLL. PHILÉMON DANDREJEAN, DÉTECTIVE PRIVÉ

Philémon Dandrejean et son père Basile sont détectives privés. Leur spécialité : les phénomènes paranormaux. Les fantômes, les vampires, les ovnis, les esprits frappeurs... tout cela enthousiasme au plus haut point monsieur Dandrejean ! Mais le jeune Philémon est beaucoup plus terre à terre que son père. Et c'est bien malgré lui qu'il se rend à une conférence sur les phénomènes surnaturels, avec tous ces hurluberlus qui s'imaginent voir et entendre les phénomènes les plus invraisemblables.

La conférence a lieu à Montréal, chef-lieu des ancêtres Dandrejean. Pendant le voyage, Basile décrit pour la énième fois le fameux arbre généalogique de la famille. Puis Philémon apprend que le premier détective de la lignée, Herménégilde Dandrejean, aurait connu une mort un peu louche et que sa dernière enquête n'a jamais été élucidée... Curieusement, pendant la conférence, un personnage bizarre remet à Philémon et Basile la part manquante de leurs archives familiales. Les voilà sur les pistes d'une étrange histoire de meurtres qui s'enchaînent depuis 1889.

Dans la même collection : *Le mystère du manoir de Glandicourt*

CHRYSTINE BROUILLET

LES PIRATES

COLL. LES ENQUÊTES DE CATHERINE ET STÉPHANIE

Catherine n'a pas la langue dans sa poche... ni les deux pieds dans la même bottine. «Je l'aurais étranglée», songe-t-elle d'entrée de jeu en pensant à sa meilleure copine. C'est qu'après avoir lu un livre passionnant sur un trésor caché à l'île aux Loups, Catherine et son amie Stéphanie avaient choisi cette destination pour leurs vacances. Elles comptaient bien tenter leur chance de trouver le fabuleux trésor perdu dans une épave ! Mais voilà que Stéphanie a eu l'idée saugrenue d'attraper la picote... «Je devrai me débrouiller toute seule», se dit Catherine quand sa colère retombe.

Mais avant même de monter dans l'autobus qui la mènera à la colonie de vacances de l'île aux Loups, un garçon la remarque. En plus, il a lu le même livre qu'elle. En fait, une foule de touristes partent eux aussi à la recherche du trésor de l'île. Pourtant, Catherine et Julien se rendront vite compte que des personnages très inquiétants rôdent, et pour une tout autre affaire. Pour éclaircir ce mystère, les deux complices n'hésiteront pas à désobéir à leurs animateurs. Que d'aventures les attendent dans la nuit noire et les fonds marins...

Dans la même collection : *Le vol du siècle, La montagne noire, Le complot*

ANNE LEGAULT

UNE PREMIÈRE POUR ÉTAMINE LÉGER

SÉRIE ÉTAMINE LÉGER

Depuis qu'elle est toute petite, Étamine Léger est passée de famille d'accueil en famille d'accueil et d'école en école. Mais un de ses oncles a fini par l'accueillir chez lui de façon permanente. Et il est extrêmement gentil avec elle.

En cette rentrée scolaire, la dernière avant le secondaire, Étamine se sent bizarre. C'est la première fois qu'elle retourne dans la même école deux années de suite, que les autres élèves ne la regardent pas de travers et qu'elle a des amis... Étamine se sent comme les autres.

Mais aux yeux de son amie Laurence, Étamine sera toujours unique. D'ailleurs, elle a vraiment le don de faire rire les gens. Dans la pièce de théâtre que leur enseignant, un ancien comédien, organise, Étamine incarne une enseignante. Qui aurait cru que ça lui irait si bien ! Quant à Laurence, elle joue le rôle d'un miroir ! Pourtant, ce beau début d'année scolaire est remis en question quand les deux copines sont punies pour avoir fait une bêtise... Se rendront-elles à Noël en même temps que tout le monde ?

Dans la même série : *Une fille pas comme les autres, Un message d'Étamine Léger*

FRANÇOIS BARCELO

PREMIÈRE ENQUÊTE POUR MOMO DE SINRO

COLL. MOMO DE SINRO

Un des meilleurs amis du petit Momo de Sinro, monsieur Pacossi, disparaît le jour de ses 80 ans. Cet illustre peintre français, reclus dans un village québécois, aurait-il été victime d'un kidnapping alors que Momo s'amusait à la Ronde avec la charmante Jessica, ne se doutant de rien? Un artiste reconnu, ça peut procurer une bonne rançon... Et si le vieux monsieur avait eu un terrible accident de voiture? Momo s'interroge.

En tout cas, ce n'est pas en reniflant de vieilles chemises pleines de peinture à l'huile que les chiens policiers vont pouvoir retrouver le peintre! Momo n'a pas le choix. Il se sent si inquiet qu'il décide de guider les inspecteurs de police dans leur enquête. Après tout, c'est lui qui a parlé le dernier à monsieur Pacossi. Et qui mieux que Momo connaît les vieilles habitudes de son prof de dessin? Voilà Momo de Sinro au cœur de sa première enquête...

Dans la même collection: *Première blonde pour Momo de Sinro, Premier trophée pour Momo de Sinro, Premier boulot pour Momo de Sinro*

FRANÇOIS GRAVEL

LE TESTAMENT DE KLONK

SÉRIE KLONK

Klonk est un homme pas comme les autres. Doué d'une intelligence et de dons hors du commun, il s'engage dans toutes sortes de recherches scientifiques, économiques et politiques... Détective à ses heures, il parcourt le monde, suivant une piste à la trace, et réclamant souvent l'assistance de son ami Fred, le narrateur. De plus, Klonk est l'heureux père de jumeaux qui, encore à la couche, communiquent par télépathie et déplacent des objets par télékinésie...

Dans ce onzième roman de la série, le temps n'est pas à la rigolade. Pris de panique, Klonk décide de faire son testament. C'est qu'il a dans le crâne une étrange petite masse ronde comme une balle de golf. Plus inquiétant encore : cette chose déplie par moments ses tentacules. En attendant l'opération qui doit extraire de son cerveau ce corps étranger, Klonk se démène et ses très précieuses cellules grises lui réservent des moments d'intense émotion !

Dans la même série : *La racine carrée de Klonk, Coca-Klonk, Klonk et la queue du Scorpion*, et bien d'autres

● Lequel de ces personnages as-tu envie de connaître ?

● Connais-tu d'autres personnages qui reviennent dans plusieurs aventures ? Lesquels ?

Jules Verne

Monsieur Jules Verne
Dans ta giberne
Tu as mis le monde entier
Monsieur Jules Verne
Sans balivernes
Tu nous as tous fait rêver

Dans tes histoires
Avec la gloire
Le Nautilus est entré
Et sur la Lune
Toi à la hune
Tu t'étais déjà posé

Escaladant les montagnes
Dans des pays de cocagne
Tous les enfants se rejoignent
Dans tes châteaux en Espagne

Monsieur Jules Verne
Dans tes cavernes
Comme on aimait bien entrer
Monsieur Jules Verne
Dans tes cavernes
Vivait un monde enchanté

Monsieur Jules Verne
Sous ta poterne
Quatre-vingts jours ont tourné
Monsieur Jules Verne
Sous ta lanterne
Vingt mille lieues ont passé

Nous embarquions nos chimères
Sur des engins de mystère
Mais nous visitions la Terre
Dans un habit de lumière

Et sans bagage
Tous tes voyages
Chacun les imaginait
Et tes histoires
Dans nos mémoires
Ont conservé leurs secrets

Quelle jolie ronde
Autour du monde
Sans mêm' bouger de chez soi
Quelle jolie ronde
Autour du monde
On a fait' grâce à toi

F. BONIFAY

J.-P. CALVET

De grands classiques

Certains romans connaissent un grand succès auprès de plusieurs générations. En voici quelques-uns.

Astrid Lindgren

Astrid Lindgren est l'écrivaine suédoise la plus célèbre du monde. Elle est née en 1907 et a grandi en toute liberté sur une ferme. Ses parents valorisaient l'imagination et encourageaient leurs enfants à raconter des histoires de leur invention. À 18 ans, Astrid part pour Stockholm. En 1931, elle se marie, fonde une famille, puis travaille comme éditrice de littérature enfantine. À 37 ans, elle écrit les premières aventures de Fifi Brindacier, aujourd'hui traduites dans plus de soixante langues. Astrid Lindgren est morte à 94 ans, le 28 janvier 2002.

Fifi Brindacier, la plus connue des héroïnes d'Astrid Lindgren, est une rouquine au cœur d'or qui porte des bas dépareillés et vit dans sa propre maison, en compagnie de son poney et de son singe. C'est une fillette intrépide, intelligente, malicieuse et d'une force hors du commun. Orpheline, et donc totalement libre, Fifi prétend fièrement que son père, un capitaine de navire disparu dans une tempête, est le roi des cannibales des mers du Sud. *Fifi Brindacier*, *Fifi à Couricoura* et *Fifi princesse* sont trois des amusants romans mettant en vedette cette extraordinaire et impertinente enfant de 9 ans.

Marcel Pagnol

Marcel Pagnol est né en 1895, à Aubagne, dans le sud de la France, et il est mort à Paris, en 1974. C'était un homme chaleureux et curieux qui réussissait presque tout ce qu'il entreprenait. Auteur avant tout, il a aussi été scénariste, réalisateur, dramaturge, poète, traducteur, historien et romancier. C'était également un passionné de mathématiques et un brillant homme d'affaires qui lança ses propres studios de cinéma. Il a été élu à l'Académie française en 1946.

Les principaux romans de Pagnol se déroulent dans sa Provence natale. *La gloire de mon père* et *Le château de ma mère* sont les récits d'une enfance heureuse passée auprès de parents aimants. Dans *La gloire de mon père*, le narrateur, un petit garçon, présente les attachants membres de sa famille. Il raconte son quotidien d'enfant marseillais et ses inoubliables premières vacances à la campagne. *Le château de ma mère* retrace les jours de chasse, les escapades avec Lili, un jeune paysan, et les petites aventures familiales. Totalement subjugué par la beauté des collines provençales, l'auteur réussit à nous communiquer l'émerveillement du jeune Marcel. Ses mémoires, remplis du chant des cigales, parlent d'amitié profonde, du mystérieux enchantement de la nature et du simple bonheur de vivre ensemble.

Si tu veux bien connaître ce grand auteur, lis d'abord *La gloire de mon père*. Tu t'imagineras forcément le décor, les personnages et le narrateur. Lis ensuite *Le château de ma mère* pour revoir en esprit les personnages principaux et les imaginer en action. Et si les personnages que tu as appris à aimer te manquent, retrouve-les en lisant *Le temps des secrets* et *Le temps des amours*.

○ Lequel de ces romans t'attire le plus ?

○ Pourquoi ces romans sont-ils encore appréciés ?

La comtesse de Ségur

De 1856 à 1874, cette grande romancière a écrit de nombreux romans pour ses petits-enfants. Les plus connus sont *Les malheurs de Sophie*, *Les petites filles modèles*, *Les vacances* et *Le général Dourakine*. Comme beaucoup de ces livres étaient destinés à être joués, ils contiennent des scènes minutieusement décrites avec des dialogues très vivants. Pourquoi ne pas monter avec tes camarades une courte pièce à partir d'extraits de ces romans?

Jules Verne

Cet auteur prolifique a écrit une série de romans d'aventures. Chaque roman de sa série des «voyages extraordinaires» te permettra d'explorer des contrées différentes et des mondes nouveaux: une île mystérieuse, les fonds marins, le centre de la terre, etc. Toutes les grandes œuvres de Verne ont été rééditées dans de magnifiques collections illustrées.

George Sand

Née en 1804 et décédée en 1876, cette auteure française, qui avait un nom de plume masculin, montait à cheval et fumait le cigare, choqua beaucoup ses contemporains. Femme de grande sensibilité, elle a merveilleusement décrit la vie d'autrefois à la campagne dans ses trois célèbres romans champêtres: *La mare au diable*, *François le Champi* et *La petite Fadette*.

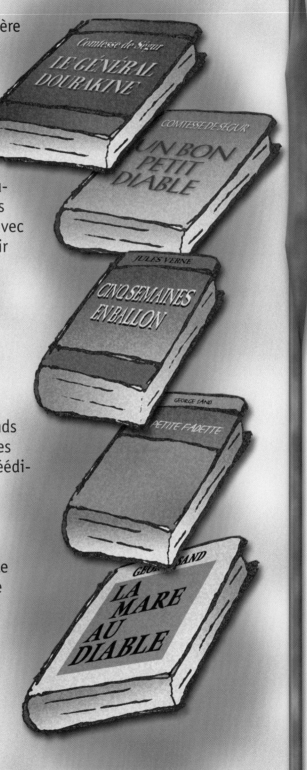

français

Oscar Wilde

Oscar Wilde est né à Dublin, en Irlande, en 1854. Écrivain original, spirituel et plein de talent, il est l'auteur de poèmes, de nouvelles et de comédies.

Dans *Le fantôme de Canterville et autres contes*, Oscar Wilde nous propose trois histoires mystérieuses.

Dans la première, une famille américaine achète un château anglais qu'on dit hanté. Est-ce que le fantôme de Canterville réussira à déloger cette famille qui est bien décidée à lui tenir tête?

La deuxième aventure nous fait partager les angoisses de lord Arthur Saville, à qui un chiromancien a prédit un avenir inquiétant...

Dans le troisième récit, Huguie, le personnage principal, offre une pièce de monnaie à un mendiant qui pose pour un peintre. Mais qui est donc cet étrange mendiant? À toi de le découvrir!

arts plastiques

François Boucher
(1703-1770)

Le peintre François Boucher, considéré comme l'un des plus grands décorateurs de son époque, a été aussi graveur et directeur des manufactures de tapisseries françaises de Beauvais et des Gobelins. Initié au dessin par son père, François Lemoine, il en a hérité la rigueur et l'exactitude du trait et le sens de la couleur. Après avoir remporté le grand prix de Rome de peinture en 1723, François Boucher séjourne pendant trois ans en Italie où il est influencé par de grands peintres comme Castiglione et Tiepolo. En 1767, il est nommé premier peintre du roi Louis XV. Il fait de nombreux portraits de la maîtresse du roi, madame de Pompadour, et réalise les décorations intérieures de nombreux châteaux. Grand maître de la peinture galante, Boucher a créé un univers gracieux caractérisé par des formes ondulantes et des couleurs claires et vives.

La lecture.

La ponctuation du dialogue

Voici comment ponctuer les dialogues que tu insères dans un texte.

● Tu commences chaque réplique sur une nouvelle ligne et tu mets un **tiret** devant. Ce tiret indique qu'une personne vient de prendre la parole.

> — *Écrire, me dit-elle, est-ce que ce n'est pas en définitive être loin des autres... être toute seule, pauvre enfant !*

> — *Les mots parfois arrivent aussi à être vrais, ai-je dit à maman.*

● Tu peux aussi annoncer la première réplique par un **guillemet ouvrant**. Les répliques suivantes sont précédées d'un **tiret**. Tu emploies un **guillemet fermant** pour signaler la fin du dialogue.

> *Le professeur regarda Mireille avec étonnement.*

> *« Qu'est-ce que tu fais ici ? Jacques devait te rejoindre en Belgique...*

> — *Me rejoindre en Belgique ? Mais que racontez-vous là ? dit Mireille, qui ne comprend rien.*

> — *J'imagine qu'il n'a pas réussi à te parler avant son départ pour Bruxelles », ajoute le professeur, l'air inquiet.*

● Parfois, un verbe comme **dire**, **annoncer**, **demander** indique le début d'une réplique. Tu insères alors un **deux-points** après ce verbe.

> *Maman me **dit** :*

> — *Pourquoi t'enfermes-tu toujours ici ? Ce n'est pas de ton âge.*

● À l'intérieur d'une réplique, on peut préciser qui vient de prendre la parole. Ce groupe de mots doit être isolé par une ou des **virgules**.

> — *Les mots parfois arrivent aussi à être vrais, **ai-je dit à maman**.*

> — *Écrire, **me dit-elle tristement**, c'est dur. Ce doit être ce qu'il y a de plus exigeant au monde...*

> — *Me rejoindre en Belgique ? Mais que racontez-vous là **?** **dit Mireille, qui ne comprend rien**.*

Si les paroles rapportées sont suivies d'un **point d'exclamation** ou **d'interrogation**, alors on ne met pas de virgule avant le groupe de mots qui précise qui a pris la parole.

● Si tu dois rapporter les paroles d'**une seule personne**, tu les insères entre **guillemets** et tu les fais précéder d'un **deux-points**.

> *Après un court silence, Mireille lui dit :*
> *« Partons ensemble, cette fois. Cela t'évitera bien des problèmes ! »*

Formation du féminin : doubler la consonne finale

Pour former le féminin de certains noms et adjectifs, il faut **doubler la consonne finale** avant d'ajouter le **e**. Observe le tableau suivant.

Finales	Exemples	Exceptions courantes
an → anne	paysan → paysanne Jean → Jeanne	artisan → artisane
on → onne	champion → championne mignon → mignonne	
en → enne	chien → chienne ancien → ancienne	
et → ette	cadet → cadette coquet → coquette net → nette	complet → complète, concret → concrète indiscret → indiscrète, inquiet → inquiète secret → secrète
el → elle	colonel → colonelle naturel → naturelle	
il → ille	gentil → gentille	vil → vile
ul → ulle	nul → nulle	
s → sse	gros → grosse, épais → épaisse	

Lire un tableau de conjugaison (Le verbe finir)

INDICATIF		
Présent	**Imparfait**	**Futur simple**
Je finis	Je finissais	Je finirai
Tu finis	Tu finissais	Tu finiras
Il / elle finit	Il / elle finissait	Il / elle finira
Nous finissons	Nous finissions	Nous finirons
Vous finissez	Vous finissiez	Vous finirez
Ils / elles finissent	Ils / elles finissaient	Ils / elles finiront
Passé composé	**Passé simple**	**Conditionnel présent**
J'ai fini		Je finirais
Tu as fini		Tu finirais
Il / elle a fini	Il / elle finit	Il / elle finirait
Nous avons fini		Nous finirions
Vous avez fini		Vous finiriez
Ils / elles ont fini	Ils / elles finirent	Ils / elles finiraient

MODE du verbe

terminaison du verbe

Temps du verbe

radical du verbe

IMPÉRATIF	SUBJONCTIF	PARTICIPE	
Présent	**Présent**	**Présent**	**Passé**
	Que je finisse	Finissant	Fini
Finis	Que tu finisses		Finie
	Qu'il / elle finisse		Finis
Finissons	Que nous finissions		Finies
Finissez	Que vous finissiez		
	Qu'ils / elles finissent		

Verbes modèles : aimer et finir

Les verbes en **er** qui ont **un seul radical** se conjuguent comme le verbe **aimer**.

INDICATIF		
Présent	**Imparfait**	**Futur simple**
J'aime	J'aimais	J'aimerai
Tu aimes	Tu aimais	Tu aimeras
Il / elle aime	Il / elle aimait	Il / elle aimera
Nous aimons	Nous aimions	Nous aimerons
Vous aimez	Vous aimiez	Vous aimerez
Ils / elles aiment	Ils / elles aimaient	Ils / elles aimeront
Passé simple	**Conditionnel présent**	**Passé composé**
	J'aimerais	J'ai aimé
	Tu aimerais	Tu as aimé
Il / elle aima	Il / elle aimerait	Il / elle a aimé
	Nous aimerions	Nous avons aimé
	Vous aimeriez	Vous avez aimé
Ils / elles aimèrent	Ils / elles aimeraient	Ils / elles ont aimé

IMPÉRATIF	SUBJONCTIF	PARTICIPE	
Présent	**Présent**	**Présent**	**Passé**
	Que j'aime	Aimant	Aimé
Aime	Que tu aimes		Aimée
	Qu'il / elle aime		Aimés
Aimons	Que nous aimions		Aimées
Aimez	Que vous aimiez		
	Qu'ils / elles aiment		

Les verbes en **ir** qui ont la forme **issons** à la première personne du pluriel du présent de l'indicatif se conjuguent comme le verbe **finir**.

INDICATIF		
Présent	**Imparfait**	**Futur simple**
Je finis	Je finissais	Je finirai
Tu finis	Tu finissais	Tu finiras
Il / elle finit	Il /elle finissait	Il / elle finira
Nous finissons	Nous finissions	Nous finirons
Vous finissez	Vous finissiez	Vous finirez
Ils / elles finissent	Ils / elles finissaient	Ils / elles finiront
Passé simple	**Conditionnel présent**	**Passé composé**
	Je finirais	J'ai fini
	Tu finirais	Tu as fini
Il / elle finit	Il / elle finirait	Il / elle a fini
	Nous finirions	Nous avons fini
	Vous finiriez	Vous avez fini
Ils / elles finirent	Ils / elles finiraient	Ils / elles ont fini

IMPÉRATIF	SUBJONCTIF	PARTICIPE	
Présent	**Présent**	**Présent**	**Passé**
	Que je finisse	Finissant	Fini
Finis	Que tu finisses		Finie
	Qu'il / elle finisse		Finis
Finissons	Que nous finissions		Finies
Finissez	Que vous finissiez		
	Qu'ils / elles finissent		

Le passé composé

Comme son nom l'indique, le **passé composé** est un temps composé. Les verbes au passé composé sont formés de l'**auxiliaire avoir** ou **être** au **présent** et du **participe passé** du verbe.

● Voici des verbes au passé composé conjugués avec l'**auxiliaire avoir**.

AIMER		
	auxiliaire avoir au présent	participe passé
J'	ai	aimé
Tu	as	aimé
Il / elle	a	aimé
Nous	avons	aimé
Vous	avez	aimé
Ils / elles	ont	aimé

FINIR		
	auxiliaire avoir au présent	participe passé
J'	ai	fini
Tu	as	fini
Il / elle	a	fini
Nous	avons	fini
Vous	avez	fini
Ils / elles	ont	fini

● Voici des verbes au passé composé conjugués avec l'**auxiliaire être**.

VENIR		
	auxiliaire être au présent	participe passé
Je	suis	venu / venue
Tu	es	venu / venue
Il / elle	est	venu / venue
Nous	sommes	venus / venues
Vous	êtes	venus / venues
Ils / elles	sont	venus / venues

ALLER		
	auxiliaire être au présent	participe passé
Je	suis	allé / allée
Tu	es	allé / allée
Il / elle	est	allé / allée
Nous	sommes	allés / allées
Vous	êtes	allés / allées
Ils / elles	sont	allés / allées

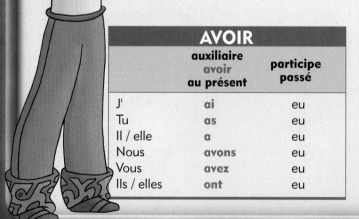

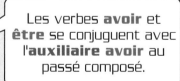

Les verbes **avoir** et **être** se conjuguent avec l'**auxiliaire avoir** au passé composé.

AVOIR		
	auxiliaire avoir au présent	participe passé
J'	ai	eu
Tu	as	eu
Il / elle	a	eu
Nous	avons	eu
Vous	avez	eu
Ils / elles	ont	eu

ÊTRE		
	auxiliaire avoir au présent	participe passé
J'	ai	été
Tu	as	été
Il / elle	a	été
Nous	avons	été
Vous	avez	été
Ils / elles	ont	été

Le bâtiment, miroir des civilisations

Un bâtiment se compose de fondations, d'une structure et d'un revêtement. Les fondations sont l'ensemble des éléments sur lesquels repose le bâtiment. La structure, c'est l'ossature qui tient le bâtiment debout, et c'est aussi ce qui crée l'espace habitable. Le revêtement est constitué des matériaux dont on recouvre la structure pour protéger l'espace habitable du vent, de la pluie et du froid. Il peut être fait de matériaux très divers : paille, peaux de bêtes, tissu, terre, pierre, bois, briques, glace, verre, etc.

Les cabanes des nomades

Au début, les humains se sont servis des matériaux qu'ils trouvaient autour d'eux pour se construire un gîte. Comme ils étaient nomades, se déplaçant au rythme des saisons en suivant les hordes d'animaux dont ils se nourrissaient, et que leurs outils étaient rudimentaires, ils se bâtissaient rapidement des abris temporaires en utilisant des matériaux non transformés du milieu.

Dans les endroits où le bois était rare, les humains construisaient la structure de la hutte avec des os de mammouths. Ceux qui vivaient dans des forêts fabriquaient une structure en cassant à la main des branchages qu'ils reliaient entre eux à l'aide de végétaux. Ceux qui vivaient en bordure des cours d'eau faisaient une structure semblable en utilisant du jonc.

Les structures avaient généralement l'apparence d'un treillis en forme de cloche que l'on recouvrait d'herbes sèches, de boue, de peaux de bêtes, de feuilles ou d'écorce. Les humains préhistoriques bâtissaient des abris pour survivre. Leurs besoins étaient simples, et leurs techniques de construction l'étaient aussi.

L'âge de l'agriculture : la sédentarisation

Lorsque les humains ont compris qu'ils pouvaient se nourrir en cultivant la terre et en domestiquant les animaux, ils sont devenus sédentaires et ils se sont construit des habitations permanentes. On croit que les premières maisons ont été bâties il y a environ 10 000 ans, en Mésopotamie. Elles étaient faites de terre modelée à la main ou moulée en briques d'argile crues ou cuites. Les briques cuites avaient l'avantage d'être plus résistantes.

Ne se déplaçant plus, les humains se regroupent et forment des villes, où ils développent plusieurs techniques : la poterie, la vannerie, le travail du métal, etc. Pour abriter leurs dieux, ils construisent de magnifiques temples dont on peut encore admirer les vestiges, en Grèce par exemple. Durant cette période, le temple est le seul bâtiment vraiment digne d'intérêt sur le plan architectural.

Le célèbre Parthénon d'Athènes, en Grèce. Cette construction harmonieuse et équilibrée est faite d'un assemblage parfait de blocs de marbre, empilés les uns sur les autres sans mortier. L'édifice ne tient que par la force de la gravité.

La structure des temples grecs est composée de nombreuses et puissantes colonnes de marbre surmontées de poutres et d'un entablement, sur lequel repose la charpente du toit. La pierre servant au revêtement des temples devait être taillée avec grand soin, car on n'utilisait pas de mortier pour unir les blocs ni d'enduit pour cacher les imperfections. Pour élever les murs des temples, les Grecs empilaient les blocs de pierre les uns sur les autres en utilisant des appareils de levage en bois.

Les Propylées de l'Acropole, à Athènes.

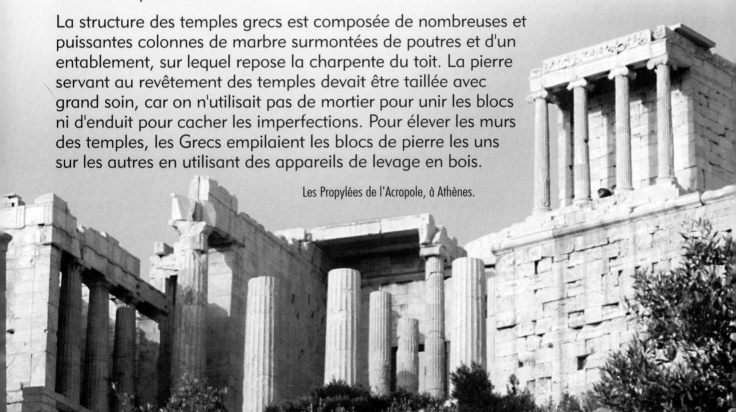

Les grands ouvrages civiques des Romains

La force de l'arc romain, ou arc en plein cintre, vient de la forme et de la disposition des pierres qui le composent. Ces pierres, appelées voussoirs, ont deux côtés droits et deux côtés légèrement arqués. L'un des côtés arqués est plus court que l'autre. C'est ce côté qu'on place vers l'intérieur de l'arc. La pierre centrale, au sommet de l'arc, est la clé qui retient tout l'ensemble. On l'appelle la clé de voûte.

Les Romains avaient un grand sens pratique et ils se passionnaient pour les sciences. Ils ont développé la technique de l'arc pour réaliser des bâtiments beaucoup plus grands et plus hauts que ceux des Grecs. En effet, comme le toit reposait sur des poutres fixées sur le côté des murs ou sur des colonnes, elles risquaient de ployer ou de se rompre si la distance entre les appuis était trop grande. Il fallait donc mettre beaucoup de colonnes d'appui, comme dans les temples grecs. L'arc permettait de distancer les colonnes, et donc d'en réduire le nombre, libérant du même coup l'espace intérieur.

Ayant compris qu'un mur trop haut finit par s'effondrer sous sa propre masse, les Romains renforçaient également les murs en y intégrant par endroits des arcs de soutien. Ils bâtirent ainsi les premiers immeubles d'habitation, appelés *insulae*, dont certains comptaient jusqu'à douze étages.

Énergiques bâtisseurs, les Romains ont révolutionné la construction en utilisant le mortier, le béton et le ciment. Le ciment et le mortier servaient à lier les pierres ou les briques entre elles, tandis que le béton était utilisé pour élever des murs et réaliser des voûtes. Cette technique de construction était rapide, ne nécessitait pas de tailleurs de pierre spécialisés et pouvait être utilisée dans toutes les régions.

Grâce à leur savoir technique, les Romains ont construit, en 10 ans, de 82 à 72 avant Jésus-Christ, le grandiose Colisée de Rome qui mesurait 48 mètres de haut, 189 mètres de long et 155 mètres de large. On estime qu'il pouvait accueillir jusqu'à 80 000 spectateurs !

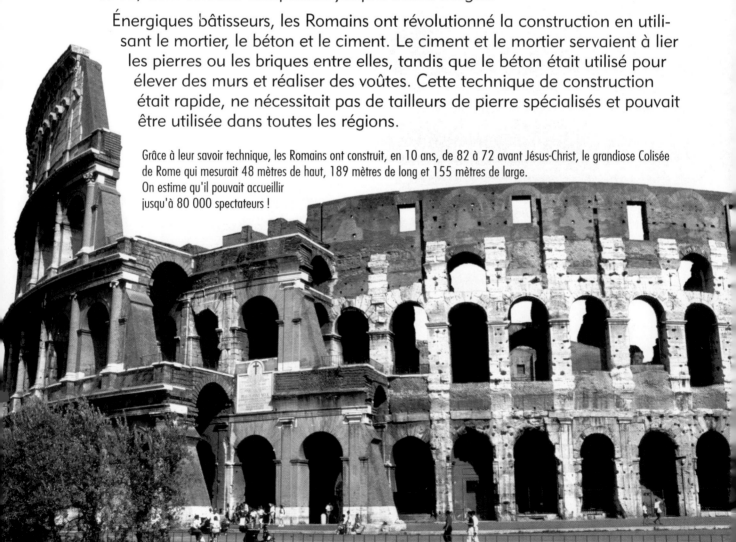

Le Moyen Âge : au temps des forteresses et des cathédrales

Pour se protéger des invasions et voir venir de loin leurs ennemis, les seigneurs du Moyen Âge faisaient construire des forteresses en bois dans des endroits élevés. Plus tard, pour mieux se protéger des assauts, on bâtit des châteaux en pierre à l'intérieur de murs d'enceinte de plusieurs mètres d'épaisseur.

C'est aussi au Moyen Âge que l'Europe se couvre de grands chantiers de construction de cathédrales. La construction d'une cathédrale, qui pouvait durer cent ans, coûtait une fortune. Pour célébrer la gloire de Dieu, en cette ère de grande spiritualité, les chrétiens voulaient des édifices majestueux, lumineux et d'une hauteur sans précédent. Il fallut donc trouver de nouvelles façons d'alléger les structures tout en les solidifiant.

Pour répartir la masse de la voûte sur de massifs piliers de pierre, les architectes vont concevoir la voûte à croisée d'ogives. Grâce au croisement des deux arcs qui la composent, cette voûte répartit la poussée sur quatre points d'appui, ce qui permet d'alléger la structure des murs. En effet, la masse de la voûte étant absorbée aux points d'appui des arcs, on pouvait donc, entre ces appuis, percer le mur de grandes fenêtres pour laisser entrer la lumière, car la pierre du mur n'avait plus qu'une fonction de remplissage.

Pour pouvoir augmenter la hauteur des murs des cathédrales, les architectes créent l'arc-boutant. Installés à l'extérieur du bâtiment, ces arcs en pierre s'appuient contre les murs et empêchent tout déplacement. Ainsi renforcés, les murs peuvent s'élever plus haut. Vus des airs, les arcs-boutants donnent aux cathédrales l'apparence de grandes araignées.

Les cathédrales ont été construites principalement de blocs de pierre que les carriers extrayaient des carrières. On utilisait du bois dur pour construire la charpente du toit.

Appuyés sur l'édifice, les arcs-boutants reçoivent la poussée qui s'exerce sur les murs.

Le Crystal Palace de Londres, un édifice de 124 mètres sur 563 mètres, est fait d'une immense structure de métal portant 83 600 mètres carrés de verre. Entièrement composé d'éléments préfabriqués, il annonce les constructions d'acier du 20e siècle.

La révolution industrielle : les constructions de verre et d'acier

Grâce aux progrès de la sidérurgie, l'acier, un alliage de fer et de carbone, entre en force dans la construction à la fin du 19e siècle. Ce matériau révolutionnaire est à la fois résistant, élastique et malléable. La révolution industrielle va aussi amener de nouveaux procédés et permettre la fabrication du verre en grande quantité et à faible coût. Érigé à Londres en 1851, le Crystal Palace fut le premier bâtiment de verre et d'acier.

Le 20e siècle : l'âge des gratte-ciel

À la fin du 19e siècle, les terrains vacants au centre des villes devenaient rares, ce qui, bien sûr, faisait grimper les prix des moindres parcelles. Pour construire en hauteur plutôt qu'en longueur, on a donc commencé à ériger des gratte-ciel.

La structure d'un gratte-ciel ressemble à un gigantesque meccano. Elle est formée d'un assemblage de poutres et de poutrelles d'acier que les monteurs mettent en place à l'aide de grues. Les poutres sont boulonnées ou soudées. Le revêtement des très hauts gratte-ciel est en verre, car c'est un matériau léger. Grâce à la machinerie et aux méthodes de construction modernes, on peut désormais ériger ce type d'édifice à une vitesse étonnante.

Une maison du jour au lendemain

Et que dire de la vitesse de construction des maisons ? L'évolution technologique permet aujourd'hui de livrer sur le chantier la structure d'un bâtiment par pans préfabriqués, tandis que les murs y arrivent déjà fichés. Le revêtement est souvent en pierre, en brique ou en bois, mais il peut aussi être en aluminium, en plastique ou en panneaux de matière synthétique imitant le bois, la brique, le stuc ou le béton.

● Sur l'architecture de quelle époque aimerais-tu en savoir plus ? Pourquoi ?

Phyllis Lambert : une architecte engagée

Phyllis Lambert a la passion de l'architecture, une passion qu'elle développe depuis son plus jeune âge. À neuf ans, elle s'inscrit à un cours de sculpture. Son maître lui apprend alors une leçon qu'elle n'est pas près d'oublier : en laissant libre cours à son imagination, il est possible de bâtir un univers à son goût. À l'université, l'artiste en herbe choisira donc l'histoire de l'art et se passionnera bientôt pour la ville et l'architecture.

Son premier grand projet, Phyllis Lambert le réalise en 1954, à l'âge de 27 ans. On lui confie alors la lourde responsabilité de diriger la planification du Seagram Building, l'un des plus prestigieux édifices de New York. Sa nouvelle carrière prend vite son essor : grâce à son professionnalisme, la jeune femme se fait connaître partout dans le monde.

À partir des années 1970, Phyllis Lambert réalise d'importants projets de rénovation d'habitations au centre-ville de Montréal. Elle fonde aussi Héritage Montréal, un organisme qui se donne pour mandat de protéger le patrimoine urbain, et le Centre canadien d'architecture de Montréal, un musée où l'on reconnaît son style dépouillé, qui contraste nettement avec celui de la maison victorienne de Westmount où elle a passé son enfance.

Professeure à l'université et membre actif de nombreux comités et conseils d'administration qui s'intéressent aux espaces publics, Phyllis Lambert est aujourd'hui l'une des architectes les plus engagés du pays. Cette grande Montréalaise consacre la plupart de ses efforts à sauvegarder le patrimoine de la métropole, ce qui lui a valu le surnom de Notre-Dame-de-la-Restauration !

Phyllis Lambert et Mies van der Rohe devant la maquette du Seagram Building.

Le Seagram Building de Mies van der Rohe est le premier exemple de ce qu'on a appelé le style international. Ce style, qui se caractérise par une simplification extrême du langage architectural, aboutit à l'érection d'une gigantesque « boîte de verre ». Il sera adopté dans les années 1950 et 1960 par de nombreux architectes dans le monde.

Construire une maison

Construire une maison
Qui soit un pays
Tous ensemble
Avec nos mains
Pour marquer la fin de l'exil

Dire le nom de ce pays
L'apprendre amoureusement
À tous les enfants
Avec leurs premiers mots
Répéter le nom du pays

Aimer ce pays
Comme on aime sa mère
Comme on aime une femme
Avoir en soi ce pays
Comme le sang dans les veines
Arrêter les plaintes
Bâtir
Nommer
Aimer
Ce pays qui est à l'horizon

Jean-Guy PILON

(*Comme eau retenue*, TYPO,
© 1985, Éditions de l'Hexagone et Jean-Guy Pilon)

Évolution de la maison québécoise

Lis ce texte qui décrit l'évolution de l'habitation au Québec depuis le temps de la colonisation.

Pourquoi nos maisons ont-elles l'allure qu'elles ont ?
Parce que les colons fondateurs de la Nouvelle-France
ont construit des habitations semblables à celles qu'ils
avaient connues en France. En effet, ce que les architectes
d'aujourd'hui appellent le « modèle québécois » est en fait une maison
d'inspiration française corrigée pour affronter le froid de l'hiver canadien.

La maison d'inspiration française

Les colons de la Nouvelle-France se sont inspirés des maisons paysannes
françaises. C'étaient des maisons très simples aux fenêtres rares. Elles étaient
dotées de fondations à même le sol et d'un mur de façade disproportionné par
rapport à un haut toit en pente raide.

L'intérieur se résumait à une salle commune au centre de laquelle se trouvait
un énorme âtre en pierre où l'on cuisait la nourriture. On dormait dans des lits
cabanes, un genre d'habitacle procurant tiédeur et intimité. Une échelle
permettait d'accéder aux combles non isolés servant de grenier et de remise.
Les plafonds étaient bas et il n'y avait ni placards ni salle de bain.

Vieille maison d'inspiration française, à Beauport.

Modèle québécois avec cuisine d'été.

Le « modèle québécois », de 1780 à 1920

Sachant qu'en hiver, en Nouvelle-France, le sol se gonfle en gelant et déforme les maisons, les colons vont creuser jusque sous la ligne de pénétration du gel pour y monter un solage. Puis, pour isoler le plancher du sol froid et humide, ils vont créer un vide d'air sous la maison en creusant un sous-sol qui leur servira de caveau à légumes. Dans les régions où il y a du roc à la surface du sol, on sépare l'espace d'habitation de la neige et du froid en montant un solage pour faire un rez-de-chaussée dans lequel on aménage un atelier.

L'espace d'habitation étant désormais surélevé, il faut prévoir un escalier et un perron d'accès. Quand le solage est plutôt enfoncé dans le sol, quelques marches suffisent, mais s'il s'élève jusqu'à former un rez-de-chaussée, il en faut plusieurs.

Pour mieux se dégager de la neige, on transforme le perron en un balcon qui s'étend sur toute la façade. L'hiver, la neige s'accumule jusqu'au niveau du balcon. Pour protéger le balcon et profiter de l'espace de rangement qu'il offre, on adoucit la pente du toit que l'on prolonge de corniches. Surplombant entièrement le balcon, ces larmiers empêchent le pourrissement en évacuant loin de la maison les eaux de pluie et de fonte des neiges venant du toit. Pour soutenir cette saillie du toit, on ajoute des colonnes.

Avec le temps, les modes de chauffage s'améliorent. L'âtre cède la place aux poêles à deux et à trois ponts, beaucoup plus efficaces. Ne craignant plus le froid, on pourra laisser entrer la lumière en augmentant le nombre de portes et de fenêtres. Et bien qu'une seule cheminée suffise désormais, on continuera longtemps, par souci de symétrie, à en construire deux, une vraie et une fausse.

Au 19e siècle, la cuisine d'été apparaît. Cette maison miniature sans solage, rattachée ou non à la maison principale, est un lieu plus frais où l'on vit l'été. En mai, après le grand ménage du printemps, on ferme la grand-maison jusqu'en octobre. L'hiver, la cuisine d'été sert de dépense.

Maison avec atelier aménagé au rez-de-chaussée.

L'influence anglaise, de 1760 à 1900

En 1760, la Nouvelle-France devient une colonie britannique. Un nouveau commerce s'organise entre l'Angleterre et le Canada où des marchands anglais vont venir s'établir. Prospères, ces marchands veulent des demeures qui reflètent leur statut.

De dimensions imposantes, ces maisons ont de hauts plafonds. Par souci d'esthétique, on va donc percer les murs de hautes et larges fenêtres. Et comme l'intérieur est divisé en plusieurs pièces, il faut multiplier les sources de chauffage. Les maisons d'inspiration anglaise sont très difficiles à chauffer.

De 1760 à 1850 : la maison monumentale Cette maison est une imposante construction en pierre, symétrique et harmonieuse. Elle a deux ou trois étages et l'aménagement intérieur est généralement très élégant.

Entre 1830 et 1880 : la villa anglo-normande Avec son toit à quatre versants, dont les larmiers font largement saillie au-dessus d'un balcon qui ceinture la maison, la villa anglo-normande est une construction charmante, à l'allure de chalet. Elle a deux étonnantes cheminées latérales, et sa toiture en pente douce est parfois percée de lucarnes.

De 1850 à 1900 : l'exubérance victorienne

Grâce à la mécanisation qu'amène la révolution industrielle, on peut fabriquer rapidement toutes sortes de sculptures et de détails architecturaux. Extrêmement ornées et souvent asymétriques, les maisons victoriennes tranchent avec la sobriété du modèle québécois. Leurs tourelles, leurs lucarnes et leurs toits colorés aux angles invraisemblables leur donnent l'air de châteaux biscornus. Ce sont généralement des maisons à deux ou trois étages. Leurs immenses pièces à plafonds hauts sont déco-rées de moulures, de verrières colorées et d'appliques de plâtre ou de bois.

L'influence américaine, de 1780 à 1900

En 1782, la guerre d'Indépendance américaine prend fin. Détachées de l'empire britannique, les Treize colonies deviennent les États-Unis, et les sujets demeurés loyaux à la couronne d'Angleterre émigrent au Canada. Ils y construiront des maisons typiques de la Nouvelle-Angleterre.

La maison américaine

Ces vastes maisons d'un étage et demi ou deux ont un toit en pente douce, sans lucarne. Elles possèdent un revê-tement en clin et l'entrée principale est ornée de pilastres surmontés d'un fronton rappelant les temples grecs. C'est pourquoi on dit qu'elles sont de style néoclas-sique. Il y a de nom-breuses maisons de ce genre dans les Cantons-de-l'Est.

La révolution technique, de 1840 à 1945

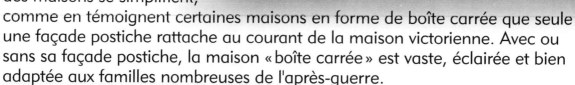

Grâce au progrès technique, les constructeurs disposent de nouveaux matériaux. Avec l'asphalte et le papier goudron, ils vont construire à moindres coûts des maisons à toit plat. Les façades des maisons se simplifient, comme en témoignent certaines maisons en forme de boîte carrée que seule une façade postiche rattache au courant de la maison victorienne. Avec ou sans sa façade postiche, la maison « boîte carrée » est vaste, éclairée et bien adaptée aux familles nombreuses de l'après-guerre.

Les maisons de banlieue, après 1945

Durant cette période, l'économie est en pleine croissance. C'est le début de la consommation de masse. On aménage de vastes centres commerciaux et on développe rapidement les banlieues des grandes villes. On construit rapidement, par quartiers entiers, des maisons à demi-niveaux et des maisons fonctionnelles et quasi identiques (en anglais, *bungalows*).

Le retour aux sources

Au début des années 1970, les entrepreneurs ont commencé à imiter les maisons d'inspiration française dont tu connais maintenant les caractéristiques. De nos jours, le victorien fait également un retour et certains nouveaux quartiers se peuplent de ces « anciennes » maisons flambant neuves.

Maintenant que tu sais reconnaître les styles, patrouille ta région avec tes camarades et dresse l'inventaire de ton patrimoine architectural.

● Établis des liens entre chacune de ces habitations et la société des époques où elles sont apparues.

Pour bâtir une maison

Pour bâtir une maison
Il te faut des deux-par-quatre, des bardeaux
Des cabochons, du ciment et un niveau
Trois centaines de livres de clous et vingt tonnes de cailloux
Des équerres et des tuyaux, des marteaux et un chapeau
Mais n'oublie pas l'important
L'important, la base de fonds, point d'appui de ta maison
C'est tout d'abord un terrain, mal aux reins, mal aux reins
Mal aux reins, mal aux reins...

Pour arriver au pignon
Il te faut d'abord la cave, un solage
Et un plancher et un mur de chaque côté
Des fenêtres et des portes, des lucarnes et des poutres
Un escalier, un plafond et d'la clarté pour monter
Mais n'oublie pas l'important
L'important, la base de fonds, point d'appui de ta maison
C'est d'abord un charpentier, mal aux pieds, mal aux pieds
Mal aux pieds, mal aux pieds...

Pour isoler ta maison
Il te faut des sacs de laine, de la planche embouvetée
De la colle et du mastic
Coupe-chaud et coupe-froid, coupe-vapeur et coupe-vent
Papier noir, jaune et gris et d'épaisses feuilles de carton
Mais n'oublie pas l'important
L'important, la base de fonds, point d'appui de ta maison
C'est surtout un sac d'écus, mal aux mains, mal aux mains
Mal aux mains, mal aux mains...

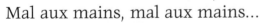

Pour habiter ta maison
Il te faut de l'eau courante, une cheminée pour le feu
Et un meuble pour la glace
Une table et quatre chaises, une couple de lits itou
Un éclairage au plafond, une lampe à ton chevet
Mais n'oublie pas l'important
L'important, la base de fonds, point d'appui de ta maison
C'est une femme dedans, mal aux dents, mal aux dents
Mal aux dents, mal aux dents...

Si t'as tout ça dans la main
Fais venir un bulldozer, un maçon
Un contracteur, un ou deux bons menuisiers
Un plâtrier et un peintre, deux ou trois cogneurs de clous
Un décorateur pas cher
Et un homme pour les serrures
Et un autre pour les tapis
Et un autre pour les rideaux
Et un autre pour les armoires
Et un autre pour la terrasse
Et un autre pour le chemin
Tu n'en finiras jamais et c'est ça qu'est important

Félix LECLERC

LE LABYRINTHE DE DÉDALE

À Athènes, au temps de la Grèce antique, il y avait un homme dont tous les nobles s'arrachaient les services lorsqu'ils avaient un projet de construction grandiose. Ce brillant architecte, inventeur, forgeron, sculpteur et décorateur s'appelait Dédale.

Dès son enfance, on avait remarqué sa prodigieuse habileté manuelle. Il pétrissait l'argile et sculptait le bois comme nul autre, produisant de petits personnages si vrais qu'ils semblaient pouvoir marcher, courir, sauter et même s'envoler.

Devenu adulte, Dédale se consacra à la construction de temples et de navires. On lui attribue notamment l'invention de la voile. Mais il aurait aussi inventé la vis, la règle, le rabot et la vrille, autant d'instruments indispensables pour les travaux de construction.

À cette époque, les gens vouaient à Dédale une admiration sans bornes. Ses réalisations lui valurent rapidement la célébrité. Sensible à la flatterie, il ne se gênait pas pour abuser de sa renommée. Il se montrait souvent colérique et méprisant avec les apprentis et les ouvriers, ce qui irritait grandement les dieux.

Imbu de sa personne, Dédale était aussi très envieux. Un jour, son neveu Talos, le plus talentueux de ses apprentis, inventa la scie à dents en s'inspirant de la mâchoire d'un serpent. Lorsque Dédale entendit les gens vanter les mérites de Talos, il entra dans une fureur telle qu'il le tua en le poussant dans le vide du haut de l'Acropole. Dès lors, Dédale fut banni et il dut s'exiler par la mer avec son fils Icare pour atteindre des contrées plus hospitalières.

Après quelques semaines de navigation, Dédale aborda à l'île de Crète où vivait le roi Minos. Heureux de recevoir un homme de si grande renommée, le roi lui fit visiter son fastueux palais avec ses portiques spacieux, ses galeries accueillantes, ses terrasses fleuries, ses fontaines de marbre et ses chapelles pleines de dorures. Les deux hommes devinrent aussitôt de grands amis.

Peu après, Minos se confia à l'architecte. Malgré toutes les splendeurs qui l'entouraient, malgré la douce présence de ses filles Ariane et Phèdre, le roi était hanté par le Minotaure, une terrible créature mi-homme mi-taureau avide de sang humain. La bête hideuse rôdait sur l'île et dévorait chaque jour plusieurs de ses sujets. Tous les citoyens du royaume vivaient sous une menace perpétuelle. Que faire ?

Dédale proposa au roi de construire un gigantesque labyrinthe si compliqué que le Minotaure, malgré sa ruse, ne pourrait jamais s'en évader. L'architecte en réalisa d'abord une maquette et y enferma une fourmi. Même si la sortie du labyrinthe était enduite de miel, une substance dont la fourmi raffole, l'insecte ne réussit jamais à sortir de sa prison.

Minos trouva la démonstration très convaincante. Sans tarder, avec l'aide de son fils Icare, l'ingénieux Dédale conçut donc un réseau comprenant des centaines de couloirs et de corridors. Il creusa aussi des fosses profondes comme des précipices sans fond et érigea d'immenses murailles. Cela demanda des années de travail acharné, mais la réalisation était parfaite. Dédale lui-même aurait eu beaucoup de peine à ne pas s'égarer dans les sentiers infinis qui se croisaient, se mêlaient et se confondaient.

Une fois l'ouvrage terminé, on réussit à capturer le Minotaure, on l'enchaîna et on l'emprisonna dans le labyrinthe. Des jeunes gens furent aussi emprisonnés dans ce lieu lugubre. Ce fut notamment le cas de Thésée, dont Ariane, la fille du roi Minos, s'était éprise. Cherchant à venir en aide à son amoureux, Ariane lui donna une pelote de fil qu'il déroula puis enroula pour trouver la sortie du labyrinthe.

Cette évasion mit le roi Minos dans une colère terrible. Convaincu que seul l'architecte avait pu permettre à Thésée de s'échapper, il fit enfermer Dédale et son fils dans le labyrinthe.

Mais Dédale n'était pas homme à se laisser démonter. Il fit une fois de plus appel à son génie créatif. En s'inspirant des oiseaux, l'architecte assembla deux paires d'ailes faites de plumes collées à des montures de bois avec de la cire. Avec son fils Icare, il prit son envol à partir d'un couloir à ciel ouvert et s'éloigna rapidement de l'île de Crète.

Malheureusement, le téméraire Icare s'éleva si haut dans le ciel que le soleil fit fondre la cire de ses ailes. Dépouillé de son plumage, le jeune homme tomba dans la mer et se noya. En lui enlevant son fils adoré, les dieux faisaient finalement payer Dédale pour l'horrible crime qu'il avait commis.

Les grands ponts

En lisant ce texte, tu découvriras quels sont les grands types de ponts qui existent ainsi que plusieurs ponts célèbres du monde entier.

Anciens ou modernes, les ponts constituent des merveilles architecturales et des modèles d'ingéniosité et de savoir-faire. En effet, leur construction a toujours représenté un défi de taille pour les ingénieurs et les architectes, surtout depuis le milieu du 19e siècle. À cette époque, l'important développement des villes a exigé qu'on établisse un réseau routier toujours plus élaboré. Il a donc fallu trouver des moyens de jeter des ponts de plus en plus longs au-dessus des cours d'eau.

Les ponts fixes

Les ponts fixes, dont aucune partie ne bouge, sont les plus courants. Il en existe trois grands types : les ponts à poutres, les ponts en arc et les ponts suspendus. Cependant, il arrive souvent que l'on combine les méthodes de construction de plusieurs types de ponts pour profiter des avantages de chacun.

← Pont en arc.

↓ Pont en arc comprenant plusieurs arches.

↑ Pont suspendu.

Les ponts à poutres

Les ponts à poutres, les plus anciens du monde, étaient sans doute faits à l'origine de simples troncs d'arbres déposés sur des pierres plates émergeant de petites rivières. On s'est d'ailleurs inspiré de cette méthode pour construire de nombreux ponts de chemins de fer. Avec le temps, les techniques sont devenues plus perfectionnées. Ainsi, le pont de la Confédération, qui relie l'Île-du-Prince-Édouard et le Nouveau-Brunswick, est un bel exemple de gigantisme et de savoir-faire. Pour construire ce pont long de 12,9 kilomètres, on a eu besoin de 3 millions de tonnes de roches, de 340 000 tonnes de ciment et de 139 000 tonnes d'asphalte. De plus, les poutres et les autres composantes ont dû être transportées sur l'eau et montées sur place. C'est la bigue autopropulsée HLV Svanen, une grue très puissante, qui a servi au transport et à l'installation des sections préfabriquées du pont, qui pouvaient peser jusqu'à 8200 tonnes chacune.

Un pont à poutres, le type de pont le plus courant, dont un modèle simplifié pourrait être constitué d'une simple planche de bois (la poutre) appuyée sur des pierres plates émergeant d'un ruisseau (les piles).

Les ponts en arc

Les ponts en arc peuvent avoir une ou plusieurs arches. C'est aux Romains que l'on doit la construction des premiers ponts en arc, conçus à l'aide de techniques découvertes il y a 2000 ans. Par exemple, la mise au point d'un mortier naturel résistant à l'eau a permis d'ériger les premières fondations sous-marines.

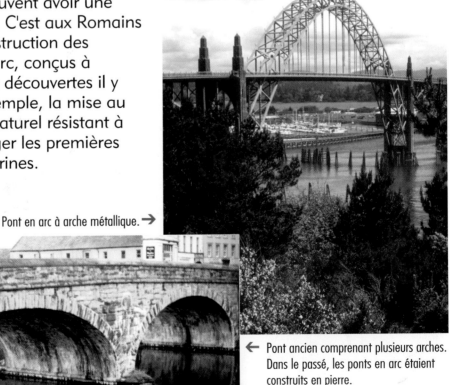

Pont en arc à arche métallique. →

← Pont ancien comprenant plusieurs arches. Dans le passé, les ponts en arc étaient construits en pierre.

Mais c'est à l'époque de la Renaissance que l'art des ponts s'est raffiné et est devenu une véritable science. Des savants tels que Léonard de Vinci et Galilée ont alors commencé à élaborer des théories sur les structures, théories qui ont donné naissance aux plus élégants modèles de ponts en arc, comme le pont de la Sainte-Trinité, à Florence, et celui du Rialto, à Venise.

Le Rialto, œuvre de l'architecte Antonio da Ponte, constitue une petite merveille d'ingénierie. En effet, pour soutenir le pont bâti sur le sol instable de Venise, il a fallu enfouir 6000 piles de bois sous 3 mètres d'eau.

Les ponts suspendus

Les ponts suspendus sont maintenus par deux câbles qui passent d'un pylône à l'autre en formant des courbes harmonieuses et dont les extrémités sont solidement ancrées de chaque côté de la rive. Grâce à la résistance des câbles d'acier modernes, on a pu construire des ponts d'une longueur impressionnante.

Construit à San Francisco en 1938, le Golden Gate est considéré comme l'un des plus beaux ponts suspendus du monde. C'est que l'architecte s'est intéressé autant à son aspect esthétique que technique. Par exemple, plutôt que de peindre les câbles et les pylônes en noir charbon ou en gris métallique, il a choisi l'orange vermillon, une couleur qui, selon lui, s'agençait mieux avec l'environnement.

Le Tower Bridge de Londres, un des plus célèbres ponts mobiles du monde.

Les ponts mobiles

Les ponts mobiles, dont une partie de la travée se relève pour permettre le passage des navires, ont de tout temps attiré les regards. En effet, quiconque a l'occasion d'en voir un ne peut qu'être impressionné par cette masse imposante qui semble soudain prendre vie. Parmi les principaux ponts mobiles, on compte les ponts levants et les ponts basculants, comme le célèbre Tower Bridge de Londres.

- Peux-tu dire de quels types sont les ponts que tu connais ?

- Informe-toi sur un pont qui t'intrigue.

science et technologie

Le pont Jacques-Cartier

Le pont Jacques-Cartier relie l'île de Montréal à la rive sud du fleuve Saint-Laurent. C'est un ouvrage assez impressionnant puisqu'il mesure presque 3 kilomètres. Entreprise en mai 1925, sa construction s'est terminée en décembre 1929, un an et demi avant la date initialement prévue. Il a été ouvert à la circulation le 14 mai 1930 et inauguré officiellement le 24 mai 1930. On l'appela d'abord « pont du Havre », mais on changea son nom en septembre 1934 pour souligner le 400ᵉ anniversaire de la découverte du Canada par l'explorateur Jacques Cartier. On estime que plus de 43 millions de véhicules empruntent ce pont chaque année.

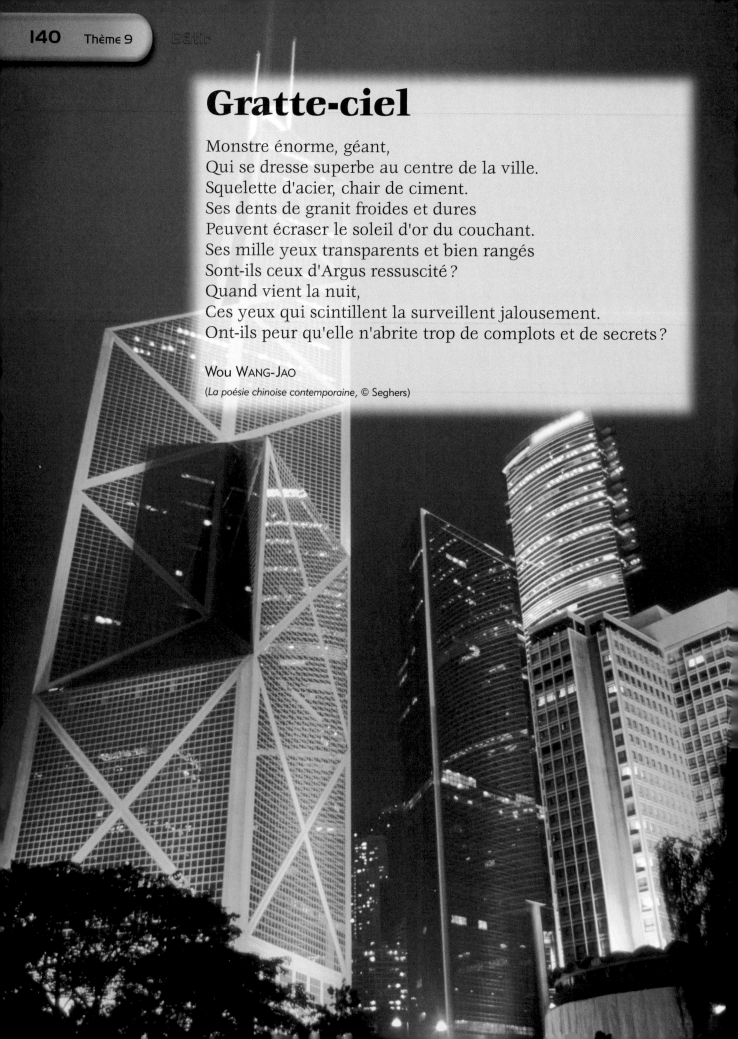

Gratte-ciel

Monstre énorme, géant,
Qui se dresse superbe au centre de la ville.
Squelette d'acier, chair de ciment.
Ses dents de granit froides et dures
Peuvent écraser le soleil d'or du couchant.
Ses mille yeux transparents et bien rangés
Sont-ils ceux d'Argus ressuscité ?
Quand vient la nuit,
Ces yeux qui scintillent la surveillent jalousement.
Ont-ils peur qu'elle n'abrite trop de complots et de secrets ?

Wou WANG-JAO
(*La poésie chinoise contemporaine*, © Seghers)

La ville...

La ville était en moi comme j'étais en elle !
Essor de blocs ! élans d'étages ! tourbillon
De murailles qui font chavirer la prunelle !
Murs crevés d'yeux, poreux comme un gâteau de miel
Où grouille l'homme abeille au labeur sans relâche !
Car sous l'ascension des vitres, jusqu'au ciel,
Je devinais aussi la fièvre sur les tâches,
Les pas entrelacés, les doigts industrieux,
Et les lampes, et l'eau qui coule, promenée
En arabesque, et dans les fils mystérieux
Le mot rapide et bref volant aux destinées !

Robert CHOQUETTE
(© Fondation Robert Choquette, 1966)

LA LÉGENDE DE NOTRE-DAME

L'évêque Maurice de Sully avait vraiment à cœur la construction de l'église Notre-Dame de Paris. Il en avait lui-même jeté les fondements. Depuis, il chérissait chaque pierre qui s'ajoutait à la cathédrale. L'île de la Cité, répétait-il à tous ses paroissiens, allait s'enrichir d'un joyau monumental qui la rapprocherait des cieux !

Cependant, le bon évêque Sully constatait avec un profond chagrin que la réalisation de cette imposante entreprise était menacée par toutes sortes d'embûches. De nombreux artisans s'étaient blessés sur le chantier depuis quelques mois, et on ne leur avait pas encore trouvé de remplaçants. D'autres avaient subitement été atteints d'une étrange maladie qui leur faisait à tout moment perdre la raison. À cela s'était ajouté un autre problème : des outils disparaissaient mystérieusement du chantier sans qu'on puisse jamais trouver de voleur. À croire que le diable lui-même s'était juré d'interrompre la construction de la belle cathédrale.

L'évêque avait un autre souci de taille : il ne pouvait plus payer les ouvriers à leur juste valeur. Et il ne savait plus où trouver des deniers, ne voulant pas les prendre des poches des pauvres paroissiens.

« Prions, prions, mes braves. Les choses finiront certainement par s'arranger et vous serez alors récompensés », répondait l'évêque, plein d'espoir, aux plaintes des ouvriers malades, épuisés et sous-payés. Les semaines passant, les problèmes continuèrent cependant à s'accumuler et les travaux cessèrent complètement.

Les charpentiers n'érigeaient plus de structures de bois, les tailleurs de pierre avaient délaissé leurs marteaux et les maçons, leurs écuelles. Compas, équerres, pics, pinces, truelles, ciseaux et limes avaient disparu du chantier. Et rien n'avançait dans les verreries, pas plus que dans les orfèvreries. Sans le sou, le pauvre évêque se voyait refuser la réalisation de son rêve grandiose...

* * * * *

Le chantier de Notre-Dame de Paris était désert depuis trois jours déjà quand se présenta de façon inopinée une équipée d'ardents travailleurs tous vêtus d'une courte soutane, de pâles jambières et d'un modeste bonnet. Un anneau d'or pendait aussi à leur oreille droite. Les jeunes hommes étaient extraordinairement beaux, humbles et remplis de dignité. Tout ce qu'ils demandaient en échange de leur travail, c'était le gîte et le couvert. Un véritable cadeau du ciel pour l'évêque!

Au fil des heures et des jours, les ouvriers firent des merveilles : des plans d'une exactitude infinie, des tailles de pierre d'une incroyable finesse et un assemblage d'une céleste harmonie. Bois, pierre, marbre, tapisseries, or, tous les matériaux resplendissaient entre leurs mains expertes. Les ouvriers et artisans étaient fascinés de voir tant de compétences de la part d'hommes si jeunes, si bien qu'ils se remirent à l'ouvrage avec enthousiasme malgré leurs blessures. Quant à la maladie de folie passagère qui en avait affecté bon nombre, elle avait disparu comme par enchantement!

L'édifice s'érigeait maintenant à une vitesse inouïe, et cela sans fatiguer outre mesure la jeune troupe experte qui ne s'arrêtait qu'une heure par jour pour prendre un léger repas. Lorsque la noirceur tombait, chacun allait dire ses prières et dormir jusqu'au premier rayon du soleil. Au matin, le visage serein, les ouvriers reprenaient leur travail sans même peiner à l'ouvrage.

«D'où venez-vous? Qui vous a appris toute cette science? Comment avez-vous acquis ce savoir-faire extraordinaire? Quel âge avez-vous donc?» leur demandaient les religieux, les artisans et les passants. Mais les mystérieux travailleurs se contentaient de sourire doucement sans rien dire. Comme à leur habitude, ils poursuivaient leur travail dans le plus grand silence.

* * * * *

Le jour de l'Ascension, tous les jeunes compagnons avaient mystérieusement disparu. Leur œuvre terminée, ils étaient partis avec leur bagage sans dire adieu, et l'évêque n'avait même pas eu le temps de les remercier de leurs bontés.

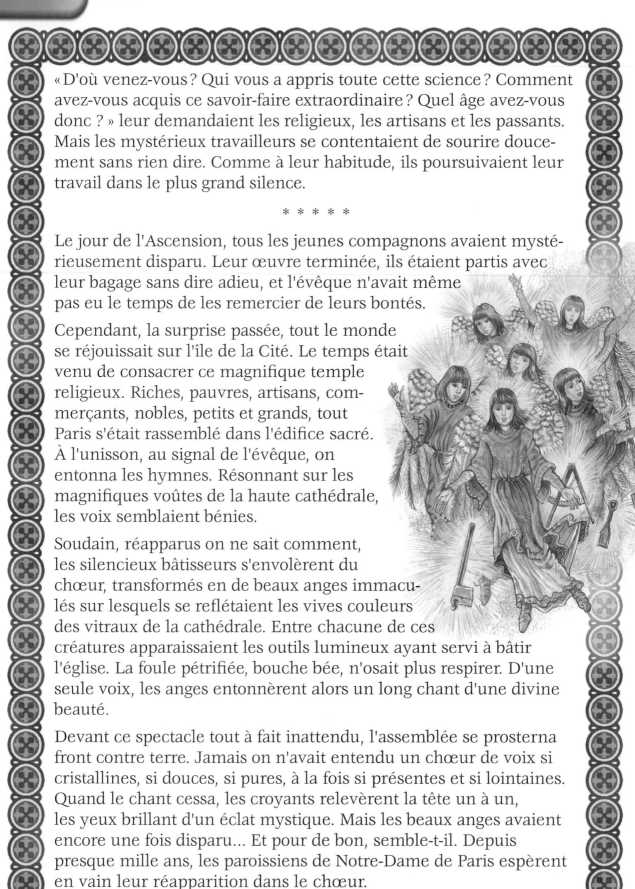

Cependant, la surprise passée, tout le monde se réjouissait sur l'île de la Cité. Le temps était venu de consacrer ce magnifique temple religieux. Riches, pauvres, artisans, commerçants, nobles, petits et grands, tout Paris s'était rassemblé dans l'édifice sacré. À l'unisson, au signal de l'évêque, on entonna les hymnes. Résonnant sur les magnifiques voûtes de la haute cathédrale, les voix semblaient bénies.

Soudain, réapparus on ne sait comment, les silencieux bâtisseurs s'envolèrent du chœur, transformés en de beaux anges immaculés sur lesquels se reflétaient les vives couleurs des vitraux de la cathédrale. Entre chacune de ces créatures apparaissaient les outils lumineux ayant servi à bâtir l'église. La foule pétrifiée, bouche bée, n'osait plus respirer. D'une seule voix, les anges entonnèrent alors un long chant d'une divine beauté.

Devant ce spectacle tout à fait inattendu, l'assemblée se prosterna front contre terre. Jamais on n'avait entendu un chœur de voix si cristallines, si douces, si pures, à la fois si présentes et si lointaines. Quand le chant cessa, les croyants relevèrent la tête un à un, les yeux brillant d'un éclat mystique. Mais les beaux anges avaient encore une fois disparu... Et pour de bon, semble-t-il. Depuis presque mille ans, les paroissiens de Notre-Dame de Paris espèrent en vain leur réapparition dans le chœur.

PETIT TOUR DE TOURS

Sais-tu pourquoi on érige des tours ? Lis ce texte pour en avoir un aperçu.

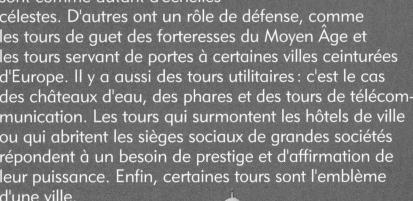

La construction de tours remonte à la nuit des temps, et la plupart des civilisations en ont bâti. Pourquoi les humains aiment-ils tant ces constructions en hauteur ? Il y a plusieurs types de tours... Se pourrait-il que chacun réponde à un besoin particulier ?

Certaines tours sont érigées dans le but de s'approcher de Dieu. Ainsi, les pagodes, les minarets, les tours des cathédrales, les campaniles de certaines églises sont comme autant d'échelles célestes. D'autres ont un rôle de défense, comme les tours de guet des forteresses du Moyen Âge et les tours servant de portes à certaines villes ceinturées d'Europe. Il y a aussi des tours utilitaires : c'est le cas des châteaux d'eau, des phares et des tours de télécommunication. Les tours qui surmontent les hôtels de ville ou qui abritent les sièges sociaux de grandes sociétés répondent à un besoin de prestige et d'affirmation de leur puissance. Enfin, certaines tours sont l'emblème d'une ville.

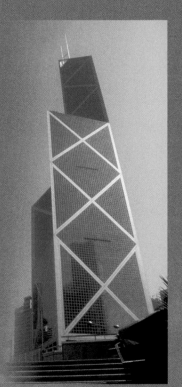

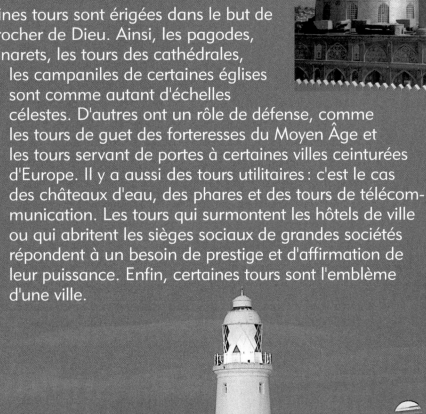

Le besoin d'élévation spirituelle

Dans la plupart des civilisations, les humains ont cherché à créer un lien entre la terre et le ciel, perçu comme le monde où vivent les dieux. Les mosquées ont des minarets, des tours du haut desquelles le muezzin appelle les musulmans à la prière. En Asie, les boud- dhistes ont construit d'innom- brables tours sacrées appelées *pagodes* et *stoupas*. Les Amérindiens ont dressé des mâts totémiques. À partir du 4e siècle, les chrétiens vont construire à côté de leurs églises un haut campanile, d'où des cloches annoncent la messe. Ce désir d'élévation spirituelle des humains atteint son apogée en Occident avec la construction des cathé- drales gothiques dont les tours effilées s'élancent vers le ciel.

La basilique Sainte-Sophie, à Istanbul, en Turquie.

Notre-Dame de Reims.

Le besoin de défense

Les gens construisaient aussi des tours pour se protéger de la guerre et des invasions. Ainsi, les châteaux forts du Moyen Âge avaient des tours de guet d'où l'on pouvait observer l'avance de l'ennemi. Dans certains pays arabes, des tours d'habitation fortifiées servaient de défense. En Italie, les familles nobles se retranchaient dans leur maison-tour lorsqu'elles craignaient l'attaque d'une famille rivale.

L'aspiration au pouvoir, au prestige et à la domination

Pour impressionner les voyageurs, les habitants des villes ceinturées du Moyen Âge vont rehausser les portes du mur d'enceinte de hautes tours parfois insolites. Les hôtels de ville sont également souvent coiffés de tours qui expriment la fierté et l'orgueil des citoyens.

De nos jours, les grandes sociétés construisent de gigantesques tours pour y abriter leur siège social. Ces tours, comme celle de la banque de Chine à Hong-Kong (314,5 mètres) ou celle de la compagnie Sears à Chicago (443 mètres, 110 étages), affirment haut et fort la stabilité, la permanence et la prospérité des entreprises.

Les tours utilitaires

On est si habitué à obtenir de l'eau en ouvrant le robinet qu'on oublie que les châteaux d'eau contribuent à cette commodité. L'eau de ces réservoirs est emmagasinée à de telles hauteurs que sa simple masse suffit à la faire circuler par des canalisations jusqu'aux habitations. Les réserves d'eau contenues dans ces tours permettent aussi de mieux combattre les incendies. Certains châteaux d'eau sont très beaux. Celui de Worms, en Allemagne (52 mètres de hauteur, capacité de 1200 mètres cubes), qui est de style roman, est classé monument historique.

Les tours de télécommunication sont d'autres tours utilitaires. La tour du CN à Toronto, la structure autoporteuse la plus haute du monde, culmine à 553 mètres. À 447 mètres, une plate-forme d'observation offre une superbe vue sur la ville et le lac Ontario. À 346 mètres, un restaurant surmonte deux plates-formes panoramiques au plancher de verre et des postes émetteurs pour la télé, la radio et la télédistribution.

Il y a des tours de ce genre dans beaucoup de pays, et certaines sont très jolies. Par exemple, la tour hexagonale de la Centrale de télévision de Riyad, en Arabie Saoudite, a l'air d'un véritable bijou avec son couronnement en forme de diamant taillé. Le mât d'antenne est revêtu de tubes de plastique de différentes couleurs.

← La tour de Calgary, en Alberta.

← La tour des Amériques, au Texas.

→ La tour du CN, à Toronto.

Les tours emblématiques

La tour Eiffel est la plus connue des tours emblématiques d'une ville. En effet, quand on songe à Paris, c'est cette tour qui vient immédiatement à l'esprit. Sa construction souleva pourtant bien des passions, et beaucoup d'artistes protestèrent contre cette structure qu'ils qualifiaient « d'odieuse colonne de tôle boulonnée ». Elle accueille annuellement quelque 5,5 millions de visiteurs.

La tour Chrysler ou celle de l'Empire State Building symbolisent New York. La tour du Big Ben ou les tours du Tower Bridge représentent Londres, tout comme les vertigineuses tours Petronas sont maintenant indissociables de Kuala Lumpur.

- Quel type de tour t'impressionne le plus ? Pourquoi ?
- Peux-tu construire une tour et expliquer comment la reproduire ?

→
Le Big Ben de Londres.

→
La tour Chrysler, à New York.

↓ La tour de Londres.

↑ La tour Eiffel de Paris.

←
La tour de Pise, en Italie.

Pour marquer le temps

Dans un texte, certains mots ou expressions indiquent le **moment** de l'action ou l'**ordre** dans lequel les événements se sont déroulés.

● Voici des mots ou expressions qui indiquent le **moment** de l'action.

> *Son premier grand projet, Phyllis Lambert le réalise **en 1954**.*
>
> ***Maintenant que** tu sais reconnaître les styles, dresse l'inventaire de ton patrimoine architectural.*
>
> ***À cette époque**, les gens vouaient à l'architecte une admiration sans bornes.*
>
> ***Lorsque** Dédale entendit vanter les mérites de Talos, il entra dans une grande fureur.*
>
> *Les deux hommes devinrent **aussitôt** de grands amis.*

● Voici des mots ou expressions qui indiquent l'**ordre de déroulement** des actions dans le texte *Le bâtiment, miroir des civilisations*.

> ***Au début**, les humains se sont servis des matériaux qu'ils trouvaient autour d'eux pour se construire un gîte.*
>
> ***Plus tard**, pour mieux se protéger des assauts, on bâtit des châteaux en pierre à l'intérieur de murs d'enceinte.*
>
> *Grâce aux progrès de la sidérurgie, l'acier [...] entre en force dans la construction **au cours du 19ᵉ siècle**.*
>
> ***À la fin du 19ᵉ siècle**, les terrains vacants au centre des villes devenaient rares [...].*
>
> *L'évolution technologique permet **aujourd'hui** de livrer sur le chantier la structure d'un bâtiment par pans préfabriqués.*

> Voici des mots et expressions souvent employés pour marquer le temps.

d'abord	quand	aujourd'hui
ensuite	lorsque	hier
puis	avant, avant que	demain
enfin	pendant, pendant que	le lendemain
premièrement	après, après que	autrefois
finalement	depuis, depuis que	de nos jours

Le verbe aller

INDICATIF

Présent	Imparfait	Futur simple
Je vais	J'allais	J'irai
Tu vas	Tu allais	Tu iras
Il / elle va	Il / elle allait	Il / elle ira
Nous allons	Nous allions	Nous irons
Vous allez	Vous alliez	Vous irez
Ils / elles vont	Ils / elles allaient	Ils / elles iront

Passé composé	Passé simple	Conditionnel présent
Je suis allé /allée		J'irais
Tu es allé /allée		Tu irais
Il / elle est allé /allée	Il / elle alla	Il / elle irait
Nous sommes allés /allées		Nous irions
Vous êtes allés /allées		Vous iriez
Ils / elles sont allés /allées	Ils / elles allèrent	Ils / elles iraient

IMPÉRATIF	SUBJONCTIF	PARTICIPE	
Présent	Présent	Présent	Passé
	Que j'aille	Allant	Allé
Va	Que tu ailles		Allée
	Qu'il / elle aille		Allés
Allons	Que nous allions		Allées
Allez	Que vous alliez		
	Qu'ils / elles aillent		

Le verbe faire

INDICATIF

Présent	Imparfait	Futur simple
Je fais	Je faisais	Je ferai
Tu fais	Tu faisais	Tu feras
Il / elle fait	Il / elle faisait	Il / elle fera
Nous faisons	Nous faisions	Nous ferons
Vous faites	Vous faisiez	Vous ferez
Ils / elles font	Ils / elles faisaient	Ils / elles feront

Passé composé	Passé simple	Conditionnel présent
J'ai fait		Je ferais
Tu as fait		Tu ferais
Il / elle a fait	Il / elle fit	Il / elle ferait
Nous avons fait		Nous ferions
Vous avez fait		Vous feriez
Ils / elles ont fait	Ils / elles firent	Ils / elles feraient

IMPÉRATIF	SUBJONCTIF	PARTICIPE	
Présent	Présent	Présent	Passé
	Que je fasse	Faisant	Fait
Fais	Que tu fasses		Faite
	Qu'il / elle fasse		Faits
Faisons	Que nous fassions		Faites
Faites	Que vous fassiez		
	Qu'ils / elles fassent		

L'impératif présent

Les terminaisons de l'impératif présent

Avoir	Être	Les verbes en **er**	Exception (aller)
Aie	Sois	Aime	Va
Ayons	Soyons	Aimons	
Ayez	Soyez	Aimez	

Les verbes en **ir**	Exceptions (couvrir, cueillir, découvrir, offrir, ouvrir, souffrir)					
Finis	Couvre	Cueille	Découvre	Offre	Ouvre	Souffre
Finissons						
Finissez						

Les verbes en **re**	Exceptions (dire, faire)	Les verbes en **oir**	Exceptions (savoir, vouloir)
Écris		Vois	Sache Veuille
Écrivons		Voyons	
Écrivez	Dites Faites	Voyez	

À l'impératif, les verbes se conjuguent seulement à la deuxième personne du singulier ainsi qu'à la première et à la deuxième personne du pluriel.

- On emploie l'impératif pour donner un ordre, un conseil ou exprimer une demande.

  __Mettez__-vous au travail !   __Fais__ attention !   __Prions__, __prions__, mes braves !

- On met un trait d'union entre le verbe à l'impératif et le pronom personnel qui le suit.

  parle-lui, méfions-nous, demandons-leur, prenez-la, achetez-en, dites-le-moi

- Pour permettre la liaison, à la deuxième personne du singulier, il faut ajouter un **s** aux verbes qui se terminent par **e** devant le pronom **en** ou **y**.

  profites-en   penses-y

À la deuxième personne du singulier, le verbe **aller** prend un **s** devant le pronom **y**.

  vas-y

Avec le pronom **en**, on écrit :   *va-t'en   allons-nous-en   allez-vous-en*

Attention au verbe **aller** ! C'est un verbe capricieux !

La formation du féminin des noms et des adjectifs: cas particuliers

En règle générale, on forme le féminin des noms et des adjectifs en ajoutant un **e** au nom et à l'adjectif masculins. Cependant, tu as déjà vu qu'il y a des cas particuliers. En voici d'autres.

Finales	Exemples	Exceptions
er → ère	messager → messagère léger → légère	
eur → euse	chercheur → chercheuse vendeur → vendeuse rieur → rieuse serveur → serveuse	ingénieur → ingénieure, professeur → professeure extérieur → extérieure, inférieur → inférieure intérieur → intérieure, meilleur → meilleure mineur → mineure, supérieur → supérieure
eux → euse	amoureux → amoureuse heureux → heureuse	
teur → trice	acteur → actrice protecteur → protectrice	auteur → auteure, chanteur → chanteuse docteur → docteure, menteur → menteuse
eau → elle	jumeau → jumelle nouveau → nouvelle	
ou → olle	fou → folle mou → molle	
x → se	jaloux → jalouse	
x → sse	faux → fausse roux → rousse	
x → ce	doux → douce	
c → che	blanc → blanche	sec → sèche
c → que	public → publique turc → turque	grec → grecque
f → ve	neuf → neuve juif → juive, vif → vive	bref → brève
g → gue	long → longue	
gu → guë	aigu → aiguë	
n → gne	malin → maligne	

Autres cas:
frais → fraîche
favori → favorite
vieux → vieille

Repérer des informations historiques

Lorsque tu cherches à découvrir une société du passé, tu questionnes les gens, tu lis des livres, tu visites un musée ou tu navigues dans Internet. Souvent, on apprend beaucoup en consultant un dictionnaire ou une encyclopédie. Voici, par exemple, un article sur un grand architecte du Québec.

L'histoire, c'est la connaissance et le récit des événements du passé qui nous permettent de faire des liens avec la vie d'aujourd'hui. C'est aussi la connaissance de ceux et celles qui ont vécu ces événements.

occupation

nationalité

surnom

lieu et date de naissance

lieu et date de décès

VENNE (Joseph dit Jos). Architecte canadien (Montréal 1858 – Montréal 1925). Fils de Joseph Venne, maçon, et d'Hélène Raymond-Labrosse. À l'âge de 15 ans, il entre comme apprenti dessinateur dans le bureau d'un important architecte montréalais, Henri-Maurice Perrault. Venne devient architecte au début des années 1880. En 40 ans de carrière, il trace les plans d'une centaine de bâtiments, principalement des églises et des écoles, à Montréal, ailleurs au Québec et dans le nord-est des États-Unis. Venne innove en utilisant des matériaux de construction ignifuges, comme le béton, afin de réduire le nombre d'incendies qui ravagent les quartiers ouvriers de Montréal. Il enseigne l'architecture et participe à la création de l'Association des architectes de la province de Québec.

En lisant ce court texte, tu peux situer Joseph Venne dans le **temps** et dans l'**espace**.

Tu comprends que sa passion pour le bâtiment lui est peut-être venue de son père qui travaillait dans la construction.

Tu réalises que le métier d'architecte ne s'apprenait pas à l'école, comme de nos jours, mais en dessinant les plans d'un architecte expérimenté.

Tu apprends qu'il a fait des plans d'églises et d'écoles, et tu pourrais essayer de vérifier si certaines existent encore aujourd'hui.

Tu constates aussi qu'à son époque les bâtiments des quartiers ouvriers étaient souvent la proie des flammes, et que Venne a utilisé de nouveaux matériaux à l'épreuve du feu, comme le béton, pour résoudre ce problème.

En fait, tu découvres une foule de renseignements sur Joseph Venne et la société dans laquelle il a vécu.

Les diagrammes

Un diagramme, ou graphique, c'est un dessin simple qui te donne plusieurs informations sur une réalité, comme la population ou la température d'une région. Le diagramme te permet d'observer des changements dans le temps ou encore de faire des comparaisons.

Il existe de nombreux types de diagrammes. Voici trois exemples qui représentent des populations de différentes manières :

> Alors, quelle région est la plus peuplée, le Bas-Canada ou le Haut-Canada ?

La population du Canada en 1806

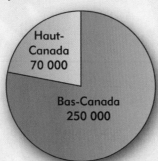

Haut-Canada 70 000

Bas-Canada 250 000

Ce **diagramme circulaire** représente deux groupes d'une même population à une date précise. Tu dois comparer l'importance de la surface de chaque portion.

Voici un **diagramme à ligne brisée**. Dans ce diagramme, on représente par un point le nombre d'habitants du Québec pour chaque année indiquée. Tous les points sont ensuite reliés par une ligne. Tu n'as qu'à suivre la ligne pour voir la croissance de la population.

La population du Québec de 1851 à 1921

La population du Québec de 1921 à 1981

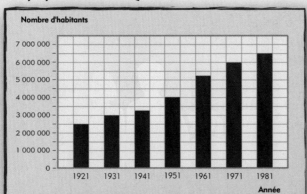

Ce **diagramme à bandes** montre la croissance de la population du Québec sur une période de 60 ans. La hauteur de chaque bande représente le nombre d'habitants pour l'année indiquée.

PLACE À LA COMMEDIA DELL'ARTE

Que sais-tu de la *commedia dell'arte*? C'est de cette amusante forme de théâtre improvisé qu'il sera question ici.

Le théâtre d'improvisation, ça te dit quelque chose? Tu as déjà fait de l'impro? Tu crois que c'est nouveau? Eh bien, ce n'est pas nouveau du tout. Déjà, au 16e siècle, en Italie, on improvisait des pièces de théâtre. Cette forme théâtrale, qu'on appelait la *commedia dell'arte*, est l'une des plus riches et des plus variées du monde. Elle se distingue par son caractère bouffon et ses nombreux rebondissements.

Jadis, les troupes de la *commedia dell'arte* avaient une telle popularité en Europe qu'on les invitait à jouer dans toutes les grandes capitales. Les comédiens, de dix à vingt par troupe en moyenne, débordaient de vivacité et d'imagination. Toujours en mouvement sur scène, ils mêlaient à leur jeu danses, acrobaties et drôleries, surprenant sans cesse leur public.

Dans ce thème, tu apprendras à mieux connaître ce genre théâtral. D'abord, nous te présenterons les personnages types de la *commedia dell'arte* et nous te donnerons des indications sur la façon de tenir leurs rôles. Ensuite, nous te ferons des suggestions pour t'aider à monter une pièce comique et à la jouer devant de nombreux spectateurs. Il te faudra ainsi fabriquer des décors et des costumes avec du matériel simple. Enfin, tu t'exerceras à l'écriture théâtrale. À partir d'un canevas, tu pourras développer des scénarios typiques de la *commedia dell'arte* et les enrichir de tours de magie, de numéros d'acrobates, de mimes, de danse et de musique, car la *commedia dell'arte* n'a qu'un but: divertir.

Comme tu vois, il y aura du travail intéressant pour tous les élèves de la classe! Alors, place au jeu. Place aux rires. Place à la comédie!

○ As-tu envie de participer à la préparation d'une pièce de *commedia dell'arte*?

○ As-tu déjà des idées? Quelles sont-elles?

Les comédiens

Viens voir les comédiens
Voir les musiciens
Voir les magiciens
Qui arrivent

Les comédiens ont installé leurs tréteaux
Ils ont dressé leur estrade
Et tendu des calicots
Les comédiens ont parcouru les faubourgs
Ils ont donné la parade
À grand renfort de tambour
Devant l'église une roulotte peinte en vert
Avec les chaises d'un théâtre à ciel ouvert
Et derrière eux comme un cortège en folie
Ils drainent tout le pays, les comédiens

Viens voir les comédiens
Voir les musiciens
Voir les magiciens
Qui arrivent

Si vous voulez voir confondus les coquins
Dans une histoire un peu triste
Où tout s'arrange à la fin
Si vous aimez voir trembler les amoureux
Vous lamenter sur Baptiste
Ou rire avec les heureux
Poussez la toile et entrez donc vous installer
Sous les étoiles le rideau va se lever
Quand les trois coups retentiront dans la nuit
Ils vont renaître à la vie, les comédiens

Viens voir les comédiens
Voir les musiciens
Voir les magiciens
Qui arrivent

Les comédiens ont démonté leurs tréteaux
Ils ont ôté leur estrade
Et plié les calicots
Ils laisseront au fond du cœur de chacun
Un peu de la sérénade
Et du bonheur d'Arlequin
Demain matin quand le soleil va se lever
Ils seront loin, et nous croirons avoir rêvé
Mais pour l'instant ils traversent dans la nuit
D'autres villages endormis, les comédiens

Viens voir les comédiens
Voir les musiciens
Voir les magiciens
Qui arrivent

Jacques PLANTE

Les personnages

Lis ce texte qui te donnera des idées pour jouer les personnages de la *commedia dell'arte*.

Pantalon

Pantalon est un marchand riche et avare. C'est un vieillard grincheux, égoïste et méchant dont les autres personnages doivent se méfier, car il aime s'amuser cruellement à leurs dépens. Heureusement, il se trouve toujours plus malin que lui pour lui jouer des tours et le ridiculiser en exploitant ses faiblesses et ses mauvais penchants. Il porte une barbiche et il cherche à impressionner les jeunes filles en se donnant des airs.

Sur scène : Pantalon est courbé et courbaturé. Il a une démarche saccadée, disgracieuse, et un ton sec. Quand il s'approche de l'endroit où il cache son or, il regarde nerveusement de tous les côtés, craignant qu'on ne le surprenne. Si on lui vole son or, Pantalon se transforme subitement, comme si la colère et l'indignation le faisaient rajeunir de 30 ans. Il court, il crie, il se roule par terre, il gesticule. Il déploie une énergie spectaculaire quand il s'agit de retrouver son bien.

Le Docteur

Le Docteur est un pédant qui cherche à impressionner les autres en faisant étalage de sa science. En réalité, il est sot et ridicule, et ses longs discours embrouillés ne servent qu'à masquer son ignorance et sa stupidité. Comme Pantalon, il cherche à séduire les dames par sa renommée. Malheureusement, il est très disgracieux. En effet, son ventre est si énorme qu'il doit le soutenir à deux mains et se rejeter vers l'arrière en creusant les reins pour se déplacer sans perdre l'équilibre.

Quant à ses connaissances médicales, ce ne sont que des sottises. Ainsi, pour soulager une rage de dents, il conseille de serrer les dents sur une grosse pomme dure, de se plonger la tête dans une marmite d'eau bouillante et d'attendre jusqu'à ce que la pomme soit bien cuite !

Sur scène : Vêtu d'un habit noir, ce personnage lourd et déséquilibré avance péniblement, à petits pas, le corps rejeté vers l'arrière. Il marmonne continuellement des formules sans queue ni tête, du genre de celle-ci : « Il ne faut pas confondre une fleur qui pousse avec une pousse qui fleure.
Une fleur qui pousse ne mousse pas, tandis que mousse qui pleure fleure, mousse, pousse, repousse et frimousse. »

Arlequin

Arlequin est un valet des plus comiques. Il fait mille acrobaties et pirouettes. Il est vif et plein de fantaisie. C'est un personnage à la fois rusé et naïf, joyeux et triste, gourmand et paresseux, mais optimiste et farceur. Arlequin attire la sympathie du public, car il fait rire et communique à tous son envie de rire et de s'amuser.

Sur scène : Personnage espiègle à l'esprit vif, Arlequin a une démarche rapide, légère et bondissante. Il entre en scène en coup de vent et en ressort aussi rapidement. Nerveux et enjoué, il fait des gestes brusques et de multiples volte-face. La tête haute, les mains sur les hanches, Arlequin exprime bien son effronterie et sa friponnerie naturelles.

Scapin

Sous des dehors d'homme de bon conseil toujours soucieux d'aider les amours des autres, Scapin est un valet rusé, fourbe et fripon. C'est un hypocrite, un paresseux et un coureur de jupons qui tisse dans l'ombre de vilaines intrigues. Il porte fièrement une bourse et un poignard à la ceinture.

Sur scène : Scapin ressemble beaucoup à Arlequin, mais il n'en a ni la vivacité ni la légèreté. Il se déplace sur scène avec raideur. S'il est loin d'être sot, il est cependant très habile à jouer les sots et à prendre un air niais pour endormir la méfiance de ceux qu'il veut tromper.

Colombine

Colombine est l'amoureuse d'Arlequin. C'est une servante à l'esprit vif qui ne se gêne pas pour dire ce qu'elle pense. Énergique et indépendante, elle s'emploie à se venger des hommes qui l'ont trompée. Souvent, une chance inespérée l'aide à se sortir des pétrins dans lesquels elle se met constamment!

Sur scène : Colombine est gracieuse, vive et rapide. Toutes ses mimiques traduisent sa grâce et son intelligence, mais aussi la ruse et une certaine malice. Comme Arlequin, Colombine se tient souvent les mains sur les hanches, en signe de moquerie.

Pierrot

Tout vêtu de blanc, le visage enfariné, Pierrot est un personnage triste, rêveur, distrait, lunatique et naïf. Il parle peu. C'est plutôt un mime. Il est amoureux de Colombine qu'il laisse malheureusement indifférente.

Sur scène : Pierrot a des gestes lents et gracieux, et une voix très douce. C'est un poète et parfois même un musicien : il lui arrive de jouer de la mandoline et de chanter son amour déçu sous les étoiles. Il est silencieux et toujours perdu dans ses rêveries. Ses grands yeux sont tout empreints de tristesse, et il est souvent au bord des larmes.

Polichinelle

Polichinelle est un personnage bossu, ventru, braillard et querelleur dont il faut se méfier, car son plus grand plaisir est de donner des coups de bâton. Véritable caméléon, Polichinelle joue aussi bien l'imbécile que l'homme de goût. C'est un incorrigible bavard qui répète tout ce qu'on lui confie. C'est d'ailleurs à ce personnage que renvoie l'expression « secret de Polichinelle », qui signifie un secret qui n'en est pas un parce que tout le monde le connaît.

Sur scène : Polichinelle est un personnage lent, un peu endormi même, sauf s'il prépare une méchanceté. Il se déplace avec nonchalance en se traînant les pieds, sans grâce ni souplesse. Comme il n'a aucun sens de l'équilibre, les mouvements de ses bras et de ses jambes sont désordonnés et ridicules.

Lélio, Isabelle et les autres

Ces personnages sont de jeunes nobles, élégamment vêtus et d'une grande beauté. Une pièce met souvent en scène plusieurs de ces personnages qui peuvent avoir pour nom Florindo et Florinda, Flaminio et Flaminia, Léandre et Rosalinda. En *commedia dell'arte*, l'action tourne souvent autour de leurs amours contrariées. Ce sont des personnages jaloux, parfois attendrissants, que les intrigues des valets et des vieillards mettent à rude épreuve. S'ils sont attachants de prime abord, leurs fréquents accès de colère les révèlent crûment comme de futurs messieurs et mesdames Pantalon.

Sur scène : Lélio, Isabelle et les autres ont des gestes gracieux et élégants. Leur jeu est tout en souplesse. Ce sont des amoureux qui sont souvent d'une grande timidité. Si leur amour est en difficulté, ils peuvent vite perdre la tête, s'emporter furieusement et dire des choses stupides et méchantes.

Capitaine Matamore

Matamore est un fanfaron qui se vante d'avoir, à lui seul, réduit en miettes des armées entières. Mais, bien sûr, c'est le plus poltron des soldats. Il joue les braves, s'invente des exploits invraisemblables et se pavane en exhibant ses muscles. C'est un semeur de zizanie qui fuit, tremblant de peur, dès que s'élèvent les disputes qu'il a provoquées. On comprend qu'il soit une victime de choix pour Arlequin, et que les femmes dont il tombe amoureux ne se gênent pas pour se servir de lui.

Sur scène : Matamore marche d'un pas pesant et disgracieux. Sa lourde épée le fait paraître gauche en toute occasion. Quand il se vante de ses exploits, il gonfle fièrement les muscles et la poitrine, et parle fort. Mais à la moindre alerte, il se recroqueville en se protégeant la tête avec ses mains, quand il ne s'enfuit pas à toutes jambes !

○ Quel personnage t'intéresse le plus ?

○ Exerce-toi à jouer ton personnage en t'inspirant des indications de ce texte.

Arlequin

Avec des camarades ardents et passionnés
Un jour, sur une estrade, notre théâtre est né
Accessoires de fortune, décors improvisés
Tout fut prétexte à se déguiser
Et, par bonheur, moi je reçus
De tous les rôles celui qui me plaisait le plus

En habit d'Arlequin, on peut faire le diable
Jouer des tours pendables aux autres comédiens
En habit d'Arlequin, on fait mille farces
En riant sous son masque, car on ne risque rien

Nous partons en voyage à travers le pays
De village en village, nous jouons la comédie
Dans cette vie errante, nous ressentons souvent
Bien des moments de découragement
Mais je retrouve ma bonne humeur
Dès que j'avance dans le halo des projecteurs

En habit d'Arlequin, on peut faire le diable
Jouer des tours pendables aux autres comédiens
En habit d'Arlequin, on fait mille farces
En riant sous son masque, car on ne risque rien

Un peu de rêve et beaucoup de ferveur
Voilà notre compagnie d'amateurs
À notre répertoire sont toujours les bienvenus
Les chefs-d'œuvre notoires comme les pièces inconnues
Et, j'avoue que Molière, Racine ou Marivaux
Nous donnent chaque soir des plaisirs nouveaux
Mais j'ai toujours un p'tit regret
Pour l'personnage que mon cœur préfère en secret

En habit d'Arlequin, on peut faire le diable
Jouer des tours pendables aux autres comédiens
En habit d'Arlequin, on fait mille farces
En riant sous son masque, car on ne risque rien

Entouré de légendes, il cache une âme tendre
Tout le monde s'y laisse prendre
Moi, j'aime bien Arlequin !

Jacques PLANTE

En scène !

Le décor

Voici quelques idées simples que tu pourras adapter pour réaliser un décor, des costumes et des maquillages pour ta comédie.

Le décor d'une pièce de *commedia dell'arte* n'a pas besoin d'être très élaboré. On peut obtenir un effet fantastique en décorant simplement le fond de la scène. Voici une bonne suggestion.

Matériel

- des rouleaux de papier de bricolage
- des ciseaux et de la colle
- du carton
- des feutres de couleur

Réalisation

1. Pour faire des banderoles, coupe des longueurs de deux mètres de papier de bricolage de couleurs différentes.
2. À une extrémité des banderoles, colle des dessins de masques de théâtre ou de visages grimaçants.
3. Ensuite, pour faire des écussons, colle sur la banderole quatre ou cinq cercles de carton blanc. Les acteurs et les actrices y inscriront leurs initiales, qu'il faudra ensuite décorer.
4. Quand les banderoles seront prêtes, il restera à les fixer sur le mur du fond de la scène en faisant alterner les couleurs.

Costumes, accessoires et maquillage

Avec un peu d'imagination et du matériel peu coûteux, vous réussirez aisément à costumer les personnages de façon très intéressante. Servez-vous de ce qui se trouve à votre portée. Voici des idées à développer et à adapter librement.

Pantalon

- un bonnet de bain
- une perruque en laine grise
- une barbiche pointue
- un chandail et un pantalon ou un collant rapiécés
- un coffret rempli de pièces d'or

Confection : Pour faire des cheveux au personnage de Pantalon, tricote un carré de 30 cm de côté avec de grosses aiguilles et de la grosse laine grise. Mouille ton tricot et laisse-le sécher à plat. Ensuite, défais-le et colle les bouts de laine frisée sur une lisière en carton que tu fixeras au bonnet de bain. Utilise le même procédé pour faire une barbiche pointue.

Le Docteur

- un vêtement noir assez ample pour qu'on puisse y faire entrer une énorme bedaine
- une ceinture
- un chapeau noir
- une perruque en papier de bricolage
- un gros bouquin et une trousse noire contenant une panoplie de fioles et de bouteilles

Confection : Pour faire le chapeau, tu peux utiliser un contenant de crème glacée en plastique que tu recouvriras de papier noir. Tu prépares ensuite la perruque en taillant des lisières de 1 ou 2 cm de largeur sur 20 à 25 cm de longueur dans du papier de bricolage gris. Frise le bout des lisières à l'aide d'une paire de ciseaux. Colle ensuite les cheveux sur les rebords du chapeau.

Pour faire la bedaine, sers-toi d'un sac à dos. Bourre-le de tissu et porte-le sens devant derrière.

Polichinelle

- un long chandail de couleur vive
- un collant de couleur vive
- un oreiller
- un petit sac à dos en tissu
- un sac à dos de bonne grosseur
- une ceinture
- un bicorne
- un gros bâton avec un lacet ou une lanière de cuir au bout

Confection : Pour faire la bosse de Polichinelle, endosse un sac à dos bourré de tissu. Pour le ventre, sers-toi d'un sac à dos plus gros dans lequel tu auras mis un oreiller. Passe le long chandail par-dessus tes «bosses» et mets la ceinture.

Pour faire le chapeau, découpe deux morceaux de carton en forme de bicorne et colle-les ensemble. Décore-le ensuite avec des couleurs vives.

Capitaine Matamore

- un chandail à manches longues
- un collant de même couleur que le chandail
- un casque de guerrier
- une large collerette
- une longue épée de bois ou de carton, lourde d'apparence (Tu peux la recouvrir de papier d'aluminium.)
- une ceinture

Confection : Pour faire un casque de guerrier, mets-toi une tuque et recouvre-la de papier d'aluminium. Presse le papier au sommet de ton crâne pour faire un pic.

Pour faire la collerette, coupe dans un vieux vêtement un rectangle mesurant environ 28 cm sur au moins 70 cm. À 2 cm du bord, perce des trous en les espaçant de 3 ou 4 cm. Passe ensuite un cordon dans les trous et utilise-le pour attacher ta collerette.

Maquillage : Une barbiche et une moustache noires.

Arlequin

- une chemise et un pantalon large décorés de triangles et de losanges
- une ceinture à laquelle pend un petit sac de cuir
- une épée légère
- un béret à pompon

Confection : Pour décorer le costume d'Arlequin, découpe des losanges et des triangles de couleur dans de vieux vêtements ou des retailles. Faufile-les sur ton costume.

Maquillage : Un maquillage noir sur tout le visage.

Pierrot

- un grand pyjama blanc, à manches longues
- deux paires de lacets
- un chapeau pointu
- une petite baguette noire et blanche

Confection : Pour décorer le costume de Pierrot, dessine au feutre des cercles de couleur pastel. Tu peux aussi découper des cercles de tissu que tu coudras sur le haut du pyjama. Sers-toi des lacets pour serrer les vêtements aux chevilles et aux poignets.

Pour fabriquer le chapeau, fais un cône avec du carton blanc et colles-y trois cercles de couleur alignés verticalement.

Maquillage : Un maquillage blanc sur tout le visage.

Colombine

- un tablier blanc
- un col de dentelle
- de grosses boucles blanches sur les souliers
- un plumeau ou un chiffon

Maquillage : Sur les lèvres, du rouge très vif.

Scapin

- un costume semblable à celui de Pierrot, mais noir et blanc sans cercles décoratifs
- un ceinturon
- une bourse et un poignard à la ceinture

Maquillage : Sur le visage, un maquillage noir et blanc.

Les amoureuses et les amoureux

Les amoureuses : Isabelle, Florinda, Flaminia, etc.

- des robes longues
- de grosses boucles dans les cheveux ou de grands chapeaux
- des ombrelles et des éventails décorés de cœurs

Maquillage : Un maquillage très prononcé des yeux, des sourcils et des lèvres.

Les amoureux : Lélio, Florindo, Flaminio, etc.

- des pantalons bouffants
- de grandes chemises
- des ceintures
- des chapeaux à rebord
- des gants noirs ou blancs

Maquillage : Un maquillage très prononcé des yeux, des sourcils et des lèvres.

Les chanteurs et les chanteuses

- de longs tee-shirts blancs
- des collants
- des mi-bas
- de grands colliers ou cordons de couleur
- des chapeaux pointus de couleur
- un cahier de chants décoré

Confection : Décore ton tee-shirt en y collant des plumes et des fausses fleurs. Tu peux aussi te servir de fruits en plastique pour te faire des colliers amusants.

Choisis tes mi-bas d'une couleur différente de celle de ton collant. Mets-les par-dessus le collant. Colle des boulettes de papier de couleur sur le devant de la jambe.

Maquillage : Des fleurs peintes sur les joues.

Les danseurs et les danseuses

- des collants de couleur
- de longs tee-shirts
- des ceintures
- des cerceaux
- de longs fichus de couleur

Maquillage : Des pommettes rouges et de la couleur autour des yeux.

Les musiciens

- des chandails
- des tuniques
- des cordons
- des serre-tête décorés de plumes
- des instruments de musique en carton (ou de véritables instruments)

Confection : Pour fabriquer la tunique que tu mettras sur ton chandail, sers-toi de deux serviettes de bain de même taille mais de couleurs différentes. Faufile-les sur les côtés et aux épaules en laissant des ouvertures pour passer la tête et les bras. Noue ensuite le cordon autour de ta taille.

Pour fabriquer ton serre-tête, utilise un carré de tissu. Fais-en un bandeau et décore-le de plumes.

Maquillage : Un motif décoratif autour des yeux ou sur les joues.

Les acrobates

- des collants
- des chandails à col roulé ajustés
- des bonnets de bain de couleur
- des cerceaux, des quilles et des balles pour jongler, etc.

Maquillage : Visage divisé en deux couleurs contrastantes et décoré de cercles, de losanges ou de triangles.

As-tu d'autres idées pour créer des décors et des costumes ? Lesquelles ?

Au temps de Pierrot et Colombine

Au temps de Pierrot et Colombine
Dans un monde moins fou qu'aujourd'hui
Pierrot n'avait pas d'automobile
Pour aller retrouver son amie
Il courait à perdre haleine
Sans s'arrêter aux fontaines
Qui coulaient, coulaient, coulaient
Quand Pierrot retrouvait Colombine
Pour aller l'emmener dans les bois
Pierrot n'ayant pas d'automobile
Prenait sa douce amie par le bras
Et les mots lui venaient
Et les phrases tournaient
Et Pierrot bavardait, bavardait
Sans penser à l'embrasser
Et sans automobile
Au bras de Colombine
Il prenait tout son temps, tout son temps
Pour lui offrir ses vingt ans

Quand Pierrot rêvait de Colombine
Qu'il savait toute seule à la ville
Pierrot n'ayant pas de téléphone
Pour pouvoir appeler la mignonne
Allumait une chandelle
Et couchait sur le papier
Les choses les plus belles
Et Pierrot tout entier à sa plume
Écrivait pour calmer son ardeur
Sous le regard distrait de la lune
Souriant devant tant de bonheur
Et les mots lui venaient
Et les phrases tournaient
Et son cœur chavirait, chavirait
Dans le bleu de l'encrier

Et les mots voltigeaient
Et les phrases tournaient
Et quand venait le jour
Il restait
Plus de cent lettres d'amour

Quand Pierrot attendait Colombine
Qui faisait son travail à la ville
Pierrot n'avait pas d'électrophone
Pour tuer tout ce temps monotone
Il prenait sa mandoline
Composait des menuets, de jolies cavatines
Quand Pierrot épousa Colombine
Il était poète et musicien
Colombine chantait dans sa cuisine
En faisant sa lessive et son pain
Et sans automobile
Amoureux et tranquilles
Ils prenaient tout leur temps, tout leur temps
Pour s'aimer éperdument
Et sans le téléphone
Et sans électrophone
Ils vécurent jusqu'à près de cent ans
Et ils eurent beaucoup d'enfants.

Jean BROUSSOLLE

Canevas

Les comédiens de la *commedia dell'arte* improvisaient à partir d'un canevas, c'est-à-dire du résumé écrit des scènes de la pièce.

Tu pourras adapter à ton goût le canevas qui t'est proposé ici, ou en composer un toi-même si tu le désires.

Comme le canevas n'est qu'un plan de pièce, il te faudra imaginer ou, mieux encore, écrire les dialogues des personnages en développant l'idée de chaque scène. Bon travail !

> Voici un canevas de la *commedia dell'arte* que vous pourrez développer, tes camarades et toi, pour divertir votre public.

Les mères fantômes

SCÈNE 1 — *Pantalon*

Pantalon a fait un cauchemar dans lequel sa mère, morte depuis 20 ans, est venue le hanter. Elle l'a traité de vieil avaricieux et l'a menacé de faire disparaître son coffret de pièces d'or. Pantalon tourne en rond sur la scène; il est extrêmement troublé.

SCÈNE 2 — *Pantalon, Arlequin*

Arlequin est préoccupé. Sa vieille mère lui est apparue en rêve et l'a menacé de le rouer de coups de bâton, chaque nuit, jusqu'à la fin de ses jours. Il raconte son cauchemar à Pantalon qui fait de même et explique qu'il craint pour son or. Les deux personnages se lamentent, chacun enviant le sort de l'autre qu'il trouve, bien sûr, moins terrible que le sien.

SCÈNE 3 — *Polichinelle*

Polichinelle est seul sur scène. Il a surpris la conversation entre Pantalon et Arlequin. Or, il voudrait se venger de Pantalon et aimerait bien donner quelques bons coups de bâton à Arlequin. Il cherche donc un moyen de faire accroire à Pantalon et à Arlequin que leurs vieilles mères sont revenues. Il réfléchit à haute voix et imagine divers scénarios loufoques.

SCÈNE 4 — Polichinelle, Colombine

Polichinelle a son plan. Il demande à Colombine de se déguiser en maman Pantalon. Colombine trouve l'idée amusante. Elle accepte donc de se couvrir d'une grande cape noire, de marcher courbée et de prendre une voix grinçante.

SCÈNE 5 — Pantalon, le Docteur

Pantalon raconte son cauchemar au Docteur. Loin de le réconforter, ce dernier lui raconte un tas d'histoires horribles dans lesquelles des revenants font toutes sortes de misères aux vivants. Pantalon tremble de peur !

SCÈNE 6 — Pantalon, le Docteur, Colombine

Colombine entre en scène déguisée en Mère Pantalon. Pantalon, qui l'a aperçue, est terrifié. Il essaie d'avertir le Docteur, mais celui-ci continue à discourir sans voir Colombine. C'est une scène bouffonne durant laquelle Colombine et Pantalon tournent autour du Docteur qui ne voit rien et sort de scène sans avoir cessé de parler.

SCÈNE 7 — Pantalon, Colombine

Effrayé et ridicule, Pantalon supplie sa vieille mère de cesser de le tourmenter. Il promet de donner tout son argent aux pauvres. Prenant sa voix de vieille, Colombine fait plutôt promettre à Pantalon de donner tout son argent à la « merveilleuse Colombine ». Pantalon promet. Colombine sort de scène.

SCÈNE 8 — Pantalon

Pantalon réfléchit à haute voix. Il regrette déjà sa promesse et cherche un moyen de faire retourner sa vieille mère dans sa tombe.

SCÈNE 9 *Pantalon, Arlequin*

Pantalon révèle à Arlequin sa rencontre avec Mère Pantalon. Arlequin est alarmé. Il craint que sa mère ne vienne à son tour le rouer de coups pendant son sommeil. Pantalon convainc Arlequin qu'il leur faut s'allier pour régler ce problème de mères fantômes. Son raisonnement est le suivant : s'ils arrivent à renvoyer Mère Pantalon au royaume des morts, Mère Arlequin n'osera plus venir troubler son fils sur terre. Arlequin accepte d'aider Pantalon.

SCÈNE 10 *Colombine, Matamore, le Docteur, Polichinelle*

Colombine, toujours déguisée, dit beaucoup de mal de Pantalon. Elle demande à Matamore et au Docteur de raconter les innombrables méchancetés que son fils a faites sur terre depuis sa mort. Les personnages, encouragés par Polichinelle, racontent une foule d'anecdotes incroyables sur l'avarice de Pantalon.

SCÈNE 11 *Colombine, Matamore, le Docteur, Polichinelle, Arlequin*

Arlequin entre en scène avec un gros sac. Il mime aux personnages qu'il veut y emprisonner la vieille mère de Pantalon. Ceux-ci l'en empêchent, surtout Matamore, qui joue les costauds. Mais Polichinelle, en faisant toutes sortes de signes, les convainc de laisser faire Arlequin. Arlequin enferme rudement Colombine dans le sac, puis il sort de scène en disant qu'il va annoncer la bonne nouvelle à Pantalon. Matamore et le Docteur le suivent.

SCÈNE 12 *Colombine, Polichinelle*

Polichinelle ouvre le sac en félicitant Colombine. Colombine, qui se plaint d'avoir été rudoyée par Arlequin, jure de se venger. Polichinelle lui propose de se déguiser cette fois en Mère Arlequin. Colombine enfile le nouveau déguisement et Polichinelle referme le sac.

SCÈNE 13 *Colombine, Pantalon, Matamore, le Docteur, Polichinelle, Arlequin*

Fier de sa réussite, Arlequin entre en scène, suivi de Pantalon, de Matamore et du Docteur. Arlequin ouvre le sac. Surprise terrifiante ! Colombine déguisée en Mère Arlequin bondit hors du sac et lui donne mille coups de bâton !

Arlequin court sur scène pour échapper aux coups, mais Colombine le rattrape sans cesse. Furieux contre Arlequin, qu'il traite d'incapable, Pantalon court aussi après Arlequin pour lui donner des coups.

SCÈNE 14 | *Colombine, Pantalon, Matamore, le Docteur, Polichinelle, Arlequin*

Après un moment, Colombine juge qu'Arlequin est assez puni. Elle retire son déguisement et se vante du bon tour qu'elle a joué à Pantalon et à Arlequin avec l'aide de Polichinelle. Les autres personnages trouvent qu'Arlequin et Pantalon ont bien mérité leur sort.

○ Que penses-tu de ce canevas ? Quelles scènes aimerais-tu développer davantage ?

○ Préfères-tu inventer toi-même un canevas ? Vas-y.

arts plastiques

Paul Cézanne
(1830-1906)

Né et mort à Aix-en-Provence, le peintre français Paul Cézanne est considéré par plusieurs comme le père de l'art moderne. Ce tableau, *Mardi gras*, est une des œuvres majeures de ses années de maturité. Cézanne emploie des couleurs vives et pures. Mais son style se caractérise surtout par l'emploi de formes géométriques et par une certaine distorsion des corps dans l'espace. Cézanne disait vouloir « traiter la nature par le cylindre, la sphère et le cône ». Même si les tableaux de Cézanne restent figuratifs, le peintre, par ses expérimentations sur les formes, les couleurs et la composition, a ouvert la voie à la peinture abstraite. Il a notamment eu une grande influence sur le peintre cubiste Picasso.

Mardi gras, 1888. Le fils de Cézanne a posé pour le personnage d'Arlequin.

Théâtres

Quand je suis entré dans la pièce,
Quand est venu mon tour
D'entrer en scène,
Il n'y avait pour tout décor
Que deux chaises inoccupées.
Je suis retourné dans la coulisse,
J'ai demandé l'accessoiriste.
L'accessoiriste ? Il est parti.
Parti avec la directrice.
La directrice ou l'ingénue.
La pièce fut interrompue.

On ne la jouera jamais plus
À moins que quelqu'un ne retrouve
L'accessoiriste et l'ingénue.
Le théâtre est toujours fermé
Et les deux chaises sont restées
En scène,
Inoccupées.

Moi je cherche de par le monde
Le reste du décor.
Il y avait une guitare,
Un navire sur la cheminée,
Un bougeoir sur une console,
Un miroir profondément bleu,
Un bois de mer en bibelot
Et ces coquillages
Que le capitaine (le grand rôle)
Avait envoyés à sa nièce
Vous vous souvenez… ?
Ah ! Non. C'est vrai. J'oubliais.

Vous n'avez pas lu la pièce.
Oh ! Vous savez, j'ai retrouvé
Les accessoires. Mais l'ingénue,
Elle, n'est jamais revenue…
Comment dites-vous ? L'accessoiriste ?
Il est placier au cinéma.

Gilles VIGNEAULT

(*Silences*, © Nouvelles Éditions de l'Arc, 1979)

Théâtre, mot magique...

Félix LECLERC

«Théâtre! Mot magique! Quel heureux temps!»

Dès midi, nous nous bourrions aux bouches de la salle paroissiale pour assister à l'arrivée des acteurs. M. Duhaume, notaire, l'acteur au lorgnon, venait le premier, suivi de M. Chiasson, basse profonde, l'interprète des pères nobles. Le barbier du village jouait d'ordinaire les jeunes premiers, l'épicier, M. Gravel, les gendarmes. M. Raymond et beaucoup d'autres dont les noms m'échappent se succédaient par la porte de service. Soudain un cri partait, déclenchant un murmure contagieux comme l'électricité:

«Le voilà, c'est lui!»

Toutes les têtes s'étiraient. De tous les côtés les mains tiraient les blouses des voisins:

«Regarde!»

Gaspard Lavoie, au corps léger, coiffé d'un chapeau mou, noir, relevé sur le front, sa pipe croche, ses joues maigres, s'avance les yeux par terre comme s'il avait du chagrin. Notre comédien Gaspard Lavoie, plombier de son métier, notre héros, cet homme aux mille corps et âmes; il passe lentement, nous envoie la main timidement comme si nous le gênions, et disparaît par la porte qui conduit aux coulisses. La porte est fermée depuis quelques secondes que nous la fixons encore, bouche bée, nous demandant bien ce qu'elle cache. [...]

Gaspard Lavoie possède la science de se transformer en banquier, en pirate, en draveur, en prêtre, en seigneur ou en vagabond; il connaît les fées et converse avec elles; il assoit sur ses genoux le vrai Chaperon rouge, donne des ordres au Chat botté... derrière cette porte. Gaspard Lavoie! C'est lui que nous singeons, une partie de l'année. Ses compositions, ses gestes, son rire et sa façon de marcher sont mêlés à nos prouesses. [...]

Ça y est! Les lumières s'éteignent toutes. On ferme les portes d'entrée. Les trois coups! Ah, les trois coups! Trois jets de sang dans les tempes! [...]

* * * * *

Un certain soir de mars, la représentation finie, nous nous sommes hasardés, deux camarades et moi, jusque derrière la scène pour regarder de près Gaspard Lavoie. La petite porte d'une loge s'ouvrit; je me souviens d'avoir entrevu sur une tablette parmi les pots de crème sous une veilleuse rouge, la poignée d'une épée; pour la toucher, j'aurais donné tout ce que je possédais. Soudain, nous aperçûmes notre idole qui venait. Il nous frôla et descendit à la course en s'excusant. Son visage était encore tout maquillé, des sueurs perlaient sur son front et ses joues. Un acteur nous avait dit: « Allez-vous-en. Laissez-le tranquille, sa petite fille est malade. »

Gaspard Lavoie avait donc des chagrins pour vrai? Nous aurions voulu les partager avec lui. Il s'en fut seul vers sa petite fille.

(*Pieds nus dans l'aube*, éd. Fides, 1962)

Colombine

Léandre le sot,
Pierrot qui d'un saut
    De puce
Franchit le buisson,
Cassandre sous son
    Capuce,

Arlequin aussi,
Cet aigrefin si
    Fantasque
Aux costumes fous,
Ses yeux luisant sous
    son masque,

— Do, mi, sol, mi, fa —
Tout ce monde va,
    Rit, chante
Et danse devant
Une belle enfant
    Méchante

Dont les yeux pervers
Comme les yeux verts
    Des chattes
Gardent ses appas
Et disent : « À bas
    Les pattes ! »

— Eux ils vont toujours ! —
Fatidique cours
    Des astres,
Oh ! dis-moi vers quels
Mornes et cruels
    Désastres

L'implacable enfant,
Preste et relevant
    Ses jupes,
La rose au chapeau,
Conduit son troupeau
    De dupes ?

Paul VERLAINE

Le théâtre à travers les siècles

Dans l'Antiquité

C'est en Grèce, au 5e siècle avant Jésus-Christ, que le théâtre naît. Des auteurs comme Sophocle, Euripide et Eschyle mettent en scène des **tragédies** qui illustrent les grands problèmes de la société de cette époque.

Présentées lors de jours de fête, ces pièces sont l'occasion de rendre un culte au dieu Dionysos. Elles sont interprétées en plein air. Les spectateurs sont installés dans des gradins de pierre étagés, disposés en demi-cercle.

Au Moyen Âge

Pendant le Moyen Âge, qui s'étend de l'an 500 à 1500 après Jésus-Christ, on met en scène des passages de la vie de Jésus, appelés *mystères*, ou des épisodes de la vie des saints, appelés *miracles*. Les représentations ont lieu sur le parvis des églises. Le théâtre a alors une vocation religieuse.

À la Renaissance

Au 16ᵉ siècle, en Italie, apparaît la ***commedia dell'arte***. C'est un théâtre d'improvisation où les comédiens sont aussi chanteurs, danseurs, mimes ou acrobates. Portant des masques, ils interprètent des personnages typiques à partir d'un canevas. Avec son caractère bouffon et ses nombreux rebondissements, la ***commedia dell'arte*** n'a qu'un seul but : divertir.

On retrouve l'influence de cette forme de théâtre en France dans des pièces appelées *farces*.

Dans la deuxième moitié du 16ᵉ siècle, en Angleterre, des auteurs, dont le plus illustre est William Shakespeare, composent des drames, des comédies et des tragédies. Les pièces sont jouées sur une scène, avec des décors.

Au 17ᵉ siècle

Le 17ᵉ siècle, c'est le siècle d'or du théâtre en France. Les farces inspirées de la ***commedia dell'arte*** sont toujours très populaires. Corneille et Racine composent des **tragédies** qui sont très appréciées du public. Avec des pièces comme *L'avare* et *Le bourgeois gentilhomme*, Molière crée la **comédie de caractère**. Il met en scène des personnages ayant un trait de caractère particulier, comme l'avarice ou la jalousie.

À Paris, la construction de salles de spectacles, telle la Comédie-Française, encourage l'installation de troupes de comédiens. Ailleurs en France, des troupes vont de ville en ville et jouent sur des scènes improvisées.

Composer un poème

Un **poème**, c'est un texte, écrit en **vers**, qui décrit ou qui raconte avec des **sons** et des **images**.

Dans un poème, tu peux laisser libre cours à ton imagination, jouer avec les mots, exprimer tes sentiments et émotions de façon très personnelle. Il n'est pas nécessaire de tout expliquer ou de tout comprendre. C'est surtout la façon d'écrire qui est importante.

Les sons

Les vers ou lignes d'un poème peuvent se terminer par des **rimes**, des sonorités semblables. Les rimes peuvent être **plates** ou **jumelles** (**AA**), **embrassées** (**BCCB**) ou **croisées** (**DEDE**). Elles peuvent aussi ne pas suivre de séquence particulière.

Léandre le *sot*,　　　A ⎤ **rimes**
Pierrot qui d'un *saut*　A ⎦ **plates**
　　De *puce*　　　　B ⎤
Franchit le buisson,　　C ⎤ **rimes**
Cassandre sous *son*　　C ⎦ **embrassées**
　　Capuce　　　　　B ⎦

Allô! Allô! James! Quelles nouvelles? D ⎤
Absente depuis quinze *jours*,　　　E ⎤ **rimes**
Au bout du fil, je vous app**elle**.　　D ⎦ **croisées**
Que trouverai-je à mon retour?　　　E ⎦

Les images

Pour créer des images, on emploie des **comparaisons** et des **métaphores**. Une métaphore est une comparaison où il n'y a pas de mot de comparaison comme **pareil à**, **semblable à**, **comme**. Voici des exemples tirés du poème *Colombine*.

Dont les yeux pervers
Comme les yeux verts
　Des chattes
←
| **comparaison** employant le mot **comme** |

| **métaphore** où les comédiens sont comparés à un troupeau de dupes |
→
Conduit son troupeau
De dupes?

Le rythme

Dans un poème, les **répétitions** de mots et de vers contribuent à marquer le rythme du poème.

Dans la chanson *Au temps de Pierrot et Colombine*, plusieurs répétitions donnent un rythme lent au poème, créant l'impression que le temps s'étirait et rendant l'idée que les gens avaient le temps de vivre, de se parler et de s'aimer.

Et les mots lui venaient　　　　Répétition du mot **Et** au début de plusieurs vers
Et les phrases tournaient
Et Pierrot **bavardait**, **bavardait**　　Répétition du mot **bavardait**
Il prenait **tout son temps**, **tout son temps**　Répétition des mots **tout son temps**

Une **chanson** est un poème chanté.

Sens propre et sens figuré

Certains mots ont un **sens propre** et un **sens figuré**.
Le sens propre est le sens habituel du mot. Le sens figuré
est un sens suggéré par une image, une comparaison.

Faire descendre par la gorge (**sens propre**) :
J'ai avalé mes médicaments avec un peu d'eau.

Supporter sans protester (**sens figuré**) :
Ces reproches sont difficiles à avaler.

> Par exemple, voici
> un sens propre et
> un sens figuré
> du verbe **avaler**.

Un même mot peut avoir plusieurs sens

● L'adjectif **fort** peut avoir les sens suivants.

Qui a de la force physique : *Mon père est assez **fort** pour soulever cette pierre.*
Gros, corpulent : *Pour son âge, il est plutôt **fort**.*
Violent, intense : *On annonce des vents **forts** pour cette nuit.*
Doué dans un domaine : *Josiane est **forte** en mathématiques.*
Très concentré : *Maman a préparé du café **fort**.*

● Le verbe **voir** a aussi plus d'un sens.

Percevoir par les yeux : *Je **vois** très bien depuis que je porte des lunettes.*
Imaginer : *Je le **verrais** bien en clown.*
Assister à quelque chose : *J'ai déjà **vu** ce film plusieurs fois.*
Rencontrer : *Je l'avais déjà **vu** à la première réunion.*
Comprendre (**sens figuré**) : *Je **vois** ce que tu veux dire.*
Avoir un rapport avec quelque chose : *Son congédiement n'a rien à **voir** avec
sa maladie.*

● Le nom **marche** a également plusieurs sens.

Action de marcher : *La **marche** est une bonne activité pour la santé.*
Air de musique servant à rythmer la marche : *Les mariés avancent au son de
la **marche** nuptiale.*
Fonctionnement : *Le moteur est en **marche**.*
Surface où l'on pose le pied pour monter ou descendre : *Attention à la **marche** !*
Évolution, déroulement (**sens figuré**) : *On ne peut pas arrêter la **marche** du progrès.*

> Pour trouver le **sens** d'un mot dans une phrase,
> tu peux te servir du **contexte**, c'est-à-dire
> des mots qui l'entourent. Tu peux aussi consulter
> un **dictionnaire**.

Le pluriel en x des noms et des adjectifs

Les noms et les adjectifs qui se terminent en **al**, **au**, **eau** et **eu** prennent un **x** au pluriel. Regarde le tableau qui suit.

Finales	Noms	Adjectifs
	un anim**al** des anim**aux**	un projet spéci**al** des projets spéci**aux**
al → aux	un journ**al** des journ**aux** **Exceptions :** bals, carnavals, chacals, festivals, récitals, régals	un spectacle médié**val** des spectacles médié**vaux** **Exceptions :** banals, fatals, finals, natals, navals
au → aux	un ét**au** des ét**aux** un noy**au** des noy**aux**	un chien esquim**au** des chiens esquim**aux**
eau → eaux	un chât**eau** des chât**eaux** un niv**eau** des niv**eaux**	un nouv**eau** film des nouv**eaux** films un frère jum**eau** des frères jum**eaux**
eu → eux	un jeu des jeux un chev**eu** des chev**eux** **Exception :** un pneu des pneus	Les adjectifs en **eu** prennent un **x** au singulier comme au pluriel un chevalier courag**eux** des chevaliers courag**eux** **Exception :** un ballon bleu des ballons bleus

Sept noms en **ou** prennent un **x** au pluriel :

bij**oux**   ch**oux**   caill**oux**   gen**oux**   hib**oux**   jouj**oux**   p**oux**

Sept noms en **ail** se terminent en **aux** au pluriel :

bail   corail   émail   soupirail   travail   vantail   vitrail

baux   coraux   émaux   soupiraux   travaux   vantaux   vitraux

Pour corriger ton texte

Vérifie la ponctuation et la structure des phrases

- Pour chacune de tes phrases, vérifie l'emploi de la virgule, du point qui termine la phrase (**.!?**) et de la majuscule au début.

- Vérifie l'emploi des deux-points, des guillemets et des tirets pour rapporter des paroles.

- Vérifie qu'il ne manque pas de groupe obligatoire (groupe sujet, groupe du verbe) dans tes phrases.

> Souviens-toi que le sujet est absent dans les phrases impératives.

> Vérifie la présence des **deux** mots de négation dans les phrases négatives.

À bord de leur vaisseau**,** les enfants s'approchaient des Cyclades**. S**eraient-ils bien accueillis**? Q**uelle journée ils avaient eue**!** **I**ls **n'**avaient **jamais** exploré cet endroit**. I**ls se regardèrent et dirent**: «** Soyons prudents**. »**

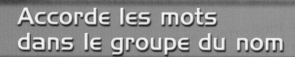

Accorde les mots dans le groupe du nom

Repère le nom qui est le noyau du groupe du nom. Interroge-toi sur son genre et son nombre. Vérifie si le déterminant et les adjectifs qui accompagnent le nom ont le même genre et le même nombre que le nom.

Certains voyageurs impatients sont montés
   dét.   nom   adjectif
   m. pl.   m. pl.   m. pl.

dans cette navette spatiale.
   dét.   nom   adjectif
   f. s.   f. s.   f. s.

Accorde les verbes

- Repère le verbe conjugué, trouve son sujet dans le groupe sujet. Relie le sujet au verbe et interroge-toi sur la terminaison du verbe.

- Si le verbe est conjugué à un temps composé, c'est l'auxiliaire qui s'accorde avec le sujet.

- Le participe passé employé avec l'auxiliaire **être** reçoit le genre et le nombre du sujet.

Les enfants traversèrent la stratosphère.

Ils avaient voyagé longtemps, ils étaient épuisés.

Attention! Le participe passé employé avec l'auxiliaire **avoir** ne reçoit pas le genre et le nombre du sujet.